M. Uhlenbrock

DIE MUTTERKOMPLEXE
Ein (Un)Ratgeber

[INFO]

Dieses Buch ist kein medizinischer Ratgeber, der im vollen Umfang über
Risiken und Nebenwirkungen informiert. Die behandelten Themen
wurden nicht von Ärzten oder anderem Fachpersonal zu Papier gebracht,
sondern frei recherchiert. Alle Angaben sind daher ohne Gewähr, aber
dafür mit viel Zuckerguss und bunten Streuseln.

Buch

Werdende oder frisch gebackene Eltern haben es oft nicht leicht. Eine Schwangerschaft und die Zeit nach der Entbindung sind oft begleitet von Themen, die niemand anspricht. Wo Frauen und Männer bei der Erörterung bestimmter Tatsachen erröten, wird in diesem Buch nichts blumig geredet. Egal ob Genitalgeruch, braune Ausscheidungen unter der Geburt oder andere Dinge, die sonst niemand ausspricht, hier findet die oft unschöne Wahrheit ein Zuhause. Was auf den ersten Blick obszön und ekelerregend wirkt, soll Menschen mit den gleichen Erlebnissen und Erfahrungen suggerieren, mit ihren Problemen nicht allein zu sein.

Autorin

M. Uhlenbrock ist eine junge Schriftstellerin aus Deutschland. 1988 in einem Krankenhaus im Münsterland geboren, gleich gegenüber einer namhaften Fastfoodkette, verbrachte sie den Großteil ihres Lebens in einem kleinen Dorf bei Münster. Während der Schwangerschaft und auch nach der Geburt ihrer Tochter im Jahr 2015 stellte sie fest, dass viele wichtige Themen zu diesen „anderen Umständen" unterschlagen werden. Der Grund: Sie sind unangenehm. Nach dieser Erfahrung machte sie es sich zur Aufgabe, ihre Mitmenschen über solche Themen zu informieren und auch über sehr unangenehme Szenarien aufzuklären. Mit einer gehörigen Portion Humor und Sarkasmus bringt sie seit 2016 diese Themen unter die Leute.

Weitere Texte der Autorin sind zu lesen auf:
www.Frau-Rabenmutter.de
Facebook: Deine Rabenmutter
Instagram: deine_rabenmutter

M. Uhlenbrock

DIE MUTTERKOMPLEXE
Ein (Un)Ratgeber

Aus dem Deutschen übersetzt
ins Sarkastische

1. Auflage
Deutsche Erstveröffentlichung Dezember 2018
Umschlaggestaltung: Steffi Thole von MimiMi Art
Redaktion: C.E. Lämmer aka Hunnybal

© Marie-Christin Uhlenbrock 2018
Verlag und Druck: tredition GmbH,
Halenreie 40-44, 22359 Hamburg

ISBN:
978-3-7482-0262-2 (Paperback)
978-3-7482-0263-9 (Hardcover)
978-3-7482-0264-6 (e-Book)

Wer sucht, der findet

Das Vorgeschwafel
BÄÄÄÄHM!

Seit meinem zehnten Lebensjahr wollte ich nur eins: ne Mutti sein. Meine damalige Vorstellung einer guten Mutterschaft erinnert mich heutzutage eher an eine Folge der 90er-Jahre-Serie „ALF". Tatsächlich sah ich mich als eine „Kate", die so richtig oberspießermäßig ihre zwei Rotzgören in einem gelben Vorstadthaus großzieht. Mit Wäschekorb und Kochlöffel bewaffnet wäre mein Ziel klar: ich würde meine Kinder durchs Leben bringen, ohne dabei selbst draufzugehen. Im Laufe der Jahre und meiner Erfahrungen mit mir selbst wurde mir aber schnell klar, dass ich niemals eine „Kate" sein würde. Nö – Ich wäre ALF! Ein absolutes Einzelexemplar mit Null Ahnung von Kindererziehung, aber mit der passenden Portion Humor, um lebend aus der ganzen Sache heraus zu kommen. In einem Alter von 27 Jahren stand ich also da, 30.000 Wiederholungen der Serie „ALF" intus, und fühlte mich endlich bereit. Bereit meine Gene mit einem anderen Einzelexemplar zu vermischen und der Welt einen Menschen zu hinterlassen, der eine Erziehung par Excellence genießen würde – meine GANZ persönliche Erziehung. Ja, ich war bereit, wie ein Alien vor den anderen Muttertieren zu posieren und mir vor aller Augen stolz auf die Schulter zu klopfen, wenn mein Kind während einer Vorführung genüsslich einen Popel schlürfte. Doch bevor es soweit sein würde, musste erst einmal etwas anderes passieren: Ich musste schwanger werden. Und ich musste meine Schwangerschaft ohne große Blessuren überstehen. Ich las in 286 Ratgebern, meldete mich in einem Mutterforum für

Hinz und Kunz an und stellte am Ende des Tages fest, dass es Dinge gibt, die dir einfach niemand erzählt... bis JETZT! Auf den nächsten Seiten erfährst du aus erster Hand und mit der nötigen Würze an Humor, was während der Schwangerschaft und unter der Geburt wirklich passiert. Ich nehme kein Blatt vor den Mund – schmeckt ja auch gar nicht.

Wenn du aber etwas über märchenhafte Schwangerschaften oder friedliche Geburten auf einer mystischen Waldlichtung lesen möchtest, kauf dir lieber einen anderen Ratgeber! Ansonsten bist du an dieser Stelle herzlich dazu eingeladen, beim Lesen dieses Buches vor Scham zu erröten, dir den Bauch vor Lachen zu halten und es das ein oder andere Mal vor Ekel in die Ecke zu schmeißen.

ROCK ON!
Deine Mutti

„Sarkasmus ist wie ein Sonnenuntergang:
Entweder du weißt die Schönheit der untergehenden Sonne zu
schätzen, oder du bekommst erst dann mit, was Sache ist,
wenn schon alles dunkel ist."

GENITALIEN UND ANDERE PROBLEMCHEN
Vom Tuten und Blasen

GeniTal – bezeichnet eine besonders kluge Person,
die sich zwischen Bergen aufhält

Die Vagina

Am Besten fangen wir einfach direkt da an, wo die Lehrer in der vierten Grundschulklasse mit hochrotem Kopf vor ihren Schülern und Schülerinnen stehen: bei den Genitalien. Wir alle haben mindestens eins und wissen im besten Fall, wofür Männer und Frauen es benutzen können.

Da wäre einmal das weibliche Geschlechtsteil, die Scheide. Da dieses Wort aber sogar unter Frauen für extreme Schamesröte sorgt, wird diese in der Umgangssprache auch gerne als Schmuckkästchen oder Muschi bezeichnet. Ein weiterer und weit verbreiteter Begriff ist das Wort „Mumu", wobei dieses eine Abkürzung für den Muttermund ist und wirklich gar nichts mit dem außen liegenden Teil der Scheide zu tun hat. Neben dem Venushügel und den äußeren wie auch inneren Schamlippen gibt es da noch den kleinen Kitzler. Aber nein, der Gute kitzelt nicht, dafür fehlen ihm die Arme. Der Kitzler ist ein Knorpelfortsatz direkt unter dem Venushügel und der empfindlichste Teil zwischen den Frauenbeinen. Müsste ich an dieser Stelle den Männern einen Tipp geben, wie mit dem Kitzler umzugehen ist, würde ich wohl Folgendes raten: Behandle ihn wie ein gutes Bier. Nicht zu hastig schlürfen und genüsslich auf der Zunge zergehen lassen.

Rein optisch gleicht keine Vagina der anderen. Dennoch lassen sich fünf typische Formen ermitteln:

1. Ms. Puffs – Die äußeren Schamlippen sind etwas größer und dicker ausgeprägt. Experten sprechen hier von einer Fettreserve ...vermutlich für schlechte Zeiten.

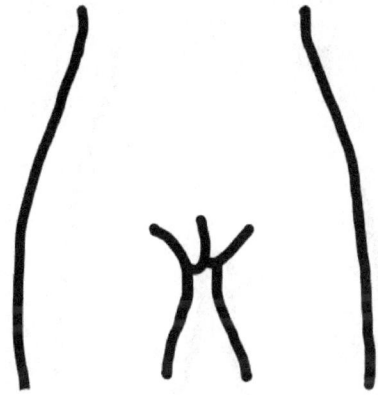

2. Ms. Barbie – Diese Form wird von den meisten Frauen als Perfekt empfunden, existiert jedoch ironischerweise verdammt selten. Da sieht man's mal wieder! Die äußeren Schamlippen umschließen hier die inneren Schamlippen und den Klitorismantel.

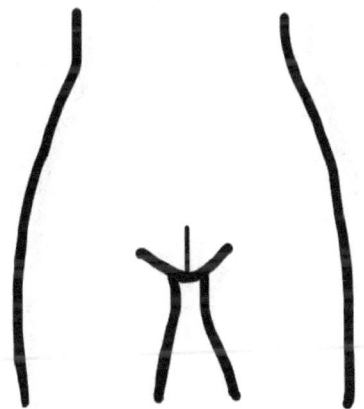

3. Ms. Curtains – Bei dieser Art treten die inneren Schamlippen etwas zwischen den äußeren hervor. Der Grund ist die Vergrößerung der inneren Schamlippen und des Klitorismantels. Richtig putzig!

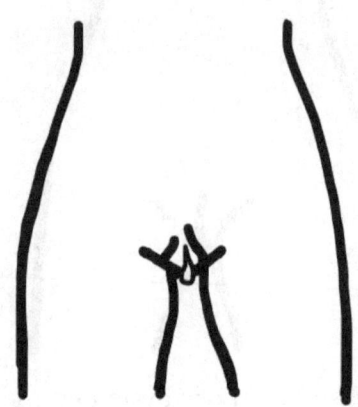

4. Ms. Tulip – Diese Form erinnert ein wenig an eine geöffnete Tulpenblüte. Die äußeren Schamlippen stehen etwas hervor, die inneren schauen wie das Tulpeninnere heraus.

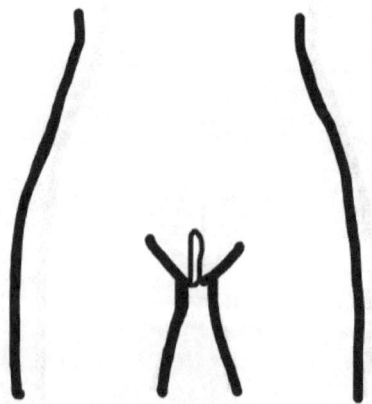

5. Ms. Horseshoe – Die äußeren Schamlippen sind etwas weiter oben angesetzt, und die inneren blitzen darunter hervor. Dieses Bild erinnert ein wenig an ein Hufeisen. Findest du nicht auch?

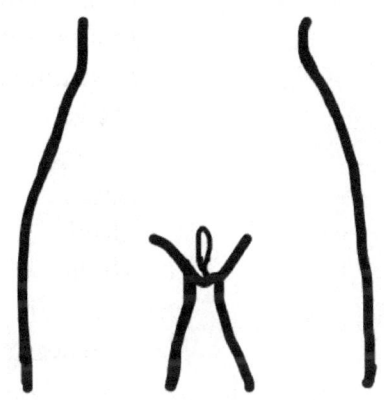

[FAKT]

Im Inneren der Scheide befindet sich die Andockstelle für den richtigen Lustkick: der G-Punkt! Soll es also rund laufen, ist das Kitzeln des Kitzlers und das Punktieren des G-Punktes angesagt. Und Ja: Diese Zeichnungen habe ich mir selbst ganz professionell in einem Zeichenprogramm erarbeitet. Ich schätze, dafür habe ich Applaus verdient.

Neben Schmuckkästchen, Muschi und Mumu gibt es aber noch einige andere Bezeichnungen für dieses schöne Genital. Hier sind die beliebtesten:

Blüte der Lust	Lustgarten
Brosche	Lustgrotte
Büchse	Lusttunnel
Buschtrommel	Maus
Drive-in	Mimmi
Entsafter	Minka
Feuchtbiotop	Moni
Feuchthöhle	Mulle
Fotze	Muschel
Garage	Peniswärmer
Garagentor	Perle
Gletscherspalte	Pflaume
Grand Canyon	Pussy
Hamburger	Ritze
Himmelsreich	Saftpresse
Honigtopf	Schatulle
Hotspot	Schmuckkästchen
Juwel	Schnecke
Kätzchen	Steckdose
Knospe	Tunnel of Love
Land des senkrechten Lächelns	Vulva
Liebesbox	Yoni
Liebeshöhle	Liebeslippen
Lotusblüte	Zuckerschnecke

Wenn du mich fragst, klingt davon irgendwie keines besonders geil. Meine Mutter hat damals immer „Pfläumchen" gesagt. Nun ja, immerhin besser als Pflaume – die mag doch nun wirklich niemand zwischen den Beinen haben. Doch im Grunde ist es ja ganz egal, wie Frau oder Mann das Geschlechtsorgan der Frau nennen. Wichtig ist, dass es aus der richtigen Intention geschieht. Einige dieser Wörter werden nämlich gerne als Schimpfwörter benutzt und sollen verletzen. Diese Entwicklung finde ich persönlich sehr traurig. Aber hey, wem nichts Besseres einfällt....

Soweit also zum Komplexus Genitalus der Frau.

Der Penis

Auf der anderen Seite haben wir den Penis, das männliche Geschlechtsorgan, welches in Fachkreisen gerne Lörres, Pimmel oder Schlaghammer genannt wird. Dieses Kerlchen besteht aus Schaft, Eichel und Hodensäcken. Ist der Mann geil, wird er hart. Ist der Mann nicht geil, bleibt er schlaff. Soviel also dazu.

Kommt ein männliches Exemplar auf die Welt, ist es von Natur aus mit einer Mütze versehen – nicht auf dem Kopf, aber am Geschlechtsteil. Entscheidet sich die Familie oder später der junge Mann selbst für eine Beschneidung, wird die Vorhaut in einer kleinen Operation weggesäbelt, und das Häubchen muss fortan ohne Mütze leben.

Des Weiteren gibt es bisher zwei bekannte Penistypen, die ich euch ebenfalls mit einer kleinen Zeichnung vorstellen möchte.

1. Der Fleischpenis, der bereits im schlaffen Stadium seine volle Größe hat. Wallt die Lust auf, fließt nur noch wenig Blut in den Schaft.

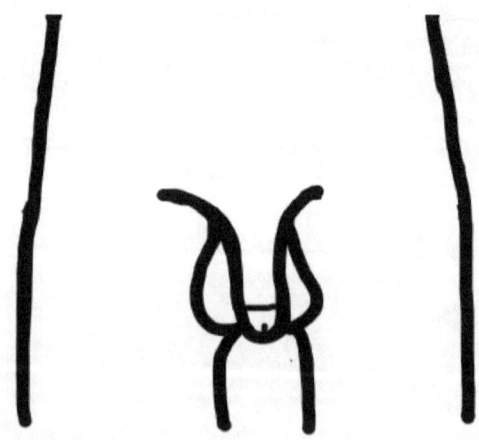

2. Der Blutpenis, der eher an eine kleine Raupe erinnert und schließlich bei der Erektion zu einem riesigen Schmetterling wird ...oder zumindest so ähnlich.

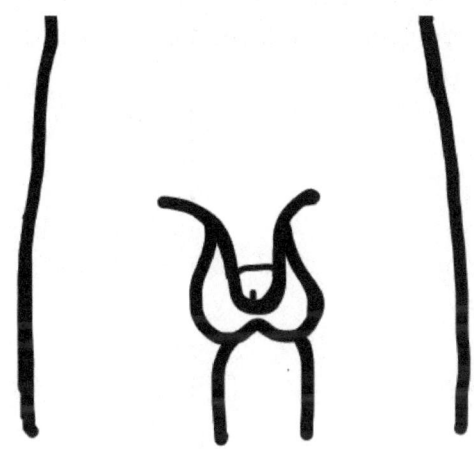

Welche der beiden Gehängevarianten der Mann sein Eigen nennen darf, ist genetisch bedingt. Forscher gehen davon aus, dass der Fleischpenis in den wärmeren Regionen und der Blutpenis in den kälteren Regionen häufiger auftritt. Ob der Fleischpenis unter der kalten Dusche dann auch kleiner wird, das weiß ich allerdings nicht. Doch egal ob Fleischpeitsche oder Blutegel, wichtig ist doch nur, dass er funktioniert! An dieser Stelle möchte ich einen Werbeslogan von einem deutschen Beförderungsunternehmen einwerfen, der so ebenfalls für eine Potenzpille gelten könnte: „Wir stellen die Weichen!" Für den bekomme ich doch jetzt wohl stehende Ovationen, oder?

Doch auch bei diesem fleischigen Ding gibt es das ein oder andere Wörtchen, damit Frau oder Mann das Kind in einer Konversation nicht beim eigentlichen Namen nennen muss. Für alle, die ihrem kleinen Freund nicht ohnehin schon einen Spitznamen gegeben haben, hier die beliebtesten:

Aal	Kronjuwelen
Apparat	Lanze
Boa Konstriktor	Latte
Banane	Liebesknochen
Bohrer	Liebesstängel
Bolzen	Lollypop
Ding-Dong	Lötkolben
Dödel	Lümmel
Drittes Bein	Lurch
Einäugige Schlange	Nudel
Einspritzpumpe	Phallus
Fleischpeitsche	Piephahn
Flöte	Pillermann
Gehänge	Pimmel
Gemächt	Pipimann
General	Puller
Glied	Rohr
Goldfinger	Salami
Gürkchen	Schniedelwutz
Hammer	Schniepi
Johannes	Schwanz
Joystick	Ständer
Kindermacher	Willi
Kolben	Zauberstab

Meine absoluten Favoriten an dieser Stelle sind ja Gürkchen und Nudel – da muss ich nämlich direkt an den leckeren Nudelsalat denken, den ich gestern gemacht habe. Da waren Gürkchen drin, Eier, eine Fleischwurst und ganz viele lange Nudeln. Ach ja, und das Wichtigste: viel Majo! Da muss schon so ein richtiger Spritzer aus der Tube rein. Ich musste auch ganz schön ackern, um diese cremige Substanz überhaupt aus diesem kleinen Loch zu bekommen. Ich habe bestimmt fünf Minuten lang geschüttelt und geschüttelt – und dann endlich die Erlösung: Die Majo spritzte mir um die Ohren wie nichts Gutes. Aber hey, das gehört eben zu einem leckeren Salat dazu.

Der Koitus (und seine Gegner)

Hormongesteuert durch die Wand

Wenn du zu den Exemplaren gehörst, die ganz nebenbei und unkompliziert schwanger wurden, dann darfst du die nächsten achtzig Zeilen getrost überspringen. Oder du liest weiter, lehnst dich zurück, entspannst dich (noch!) und lächelst erhaben.

Wir halten fest: Vagina und Penis sind notwendig, um produktiven Geschlechtsverkehr auszuüben. Es soll auch Menschen geben, die Sex mit Gummiwedeln, Robotern oder Plastikrohren haben. Wer sich aber vermehren möchte, wird mit dieser Methode nicht allzu große Erfolge verbuchen. Zumindest nicht auf diesem Planeten. Rein optisch allerdings könnten unsere Genitalien schon von einem anderen Planeten stammen. Doch egal ob außerirdisches Gemüse oder heimische Bratwürstchen, neben den körperlichen Voraussetzungen muss auch noch etwas anderes gegeben sein, um ein Baby zu machen: Geduld! Geduld ist eine Tugend, so heißt es. In meinem Universum ist Geduld ein Mysterium. Man hat schon einmal davon gehört, ob sie aber wirklich existiert, weiß niemand so genau. Doch es gibt auch eine gute Nachricht: Das vertrauensvolle Internet bietet genügend Wege, um sich in der sogenannten „Kinderwunschzeit" abzulenken.

Kaum ist der Entschluss gefasst, einen kleinen Scheißer in die Welt zu setzen, geht das weit verbreitete „googeln" los. Anstatt sich einfach auf den Gegenpart zu stürzen, der das nötige Schussgerät besitzt, denkt Frau, sie sei klüger und erarbeitet unter Zuhilfenahme des Internets und einer Mindmap ein paar hilfreiche Methoden. Zumindest hilfreich dabei, das Portmonee zu leeren. Da wird geshoppt, bis die Hebamme kommt. Stäbchen zur Messung des Eisprungs, Stäbchen zur Messung des pH-Wertes im Urin, Stäbchen zur Messung des HCG-Wertes (schließlich hat man längst mittels Tabelle erforscht, welcher Wert für Schwangerschaft steht) und Räucherstäbchen für einen heilenden Dampf, der die Empfängnis begünstigt. AM ARSCH! Aber das ist der Frau, die um jeden Preis schwanger werden möchte, ziemlich egal. Sie hat nur ein Ziel: Willi rein, Sperma raus. Zehn Minuten Kerzenstellung und die Befruchtung läuft – natürlich nur dank der Räucherstäbchen. Der Wunsch, schwanger zu werden, frisst sich so sehr in das Hirn des Weibchens, dass es sich sogar nachts den Wecker stellt, um den Spermageber zu überfallen – und das womöglich jede Stunde. Wenn das Wunderstäbchen nicht schon am ersten der "fruchtbaren Tage" brennt wie ein verkohltes Würstchen in der Pfanne, so sei an dieser Stelle an den Mann gesagt: HALTE DURCH! Sobald die Spermaernte vorbei ist, kannst du wieder für knappe 25 Tage durchatmen. In dieser Zeit wirst du vermutlich kaum beachtet werden, denn der uterusgesteuerte Teil eurer Lebensgemeinschaft wird damit beschäftigt sein, ihre "Tage nach Eisprung" zu zählen und jedes Wehwehchen als Anzeichen einer Schwangerschaft zu deuten. Ein quer sitzender Bohnenfurz kann da schon mal mit Einnistungsschmerz verwechselt werden. War immerhin bei Katja aus dem Muttiforum für Hinz und Kunz genau so! Nebenher werden schon mal Babyklamotten gekauft. Natürlich in der Farbe „neutral", denn Frau weiß ja noch nicht, was es wird.

Doch das wirklich Schreckliche neben der sexuellen Ausbeutung des Partners ist der so genannte NMT, der Nicht-Mens-Tag. Dies ist der Tag, an dem alles entschieden wird, sofern nicht schon fünf Tage vorher jeden Morgen ein Acht-Euro-Schwangerschaftstest ins Klo gespült wurde. Ist an diesem Tag der ersehnte Test negativ, und die Monatsblutung der Frau tritt ein, sollte sich der Herr der Schöpfung besser nicht mehr blicken lassen.

Wenn man mich fragt, welches Geschlecht das stärkere ist, so würde ich ohne Zögern antworten: Der Mann! Warum? Weil diese armen Schweine uns Frauen in dieser Zeit ertragen müssen. Es ist ja nicht so, als wäre eine blutende Frau schon schlimm genug. Eine blutende und zugleich frustrierte (weil immer noch unbefruchtete) Frau ist das Armageddon! Abends noch mit guter Laune ins Bett gestiegen, sieht die Welt am Morgen gar nicht mehr prima aus. Im Gegenteil: schlecht geschlafen, schlecht geträumt und schlecht geschissen. Wenn Frau morgens zerknittert aus der Decke steigt, und sowohl ihr Atem als auch ihre Worte nichts Gutes verheißen, sollte Mann sich lieber direkt irgendwo für fünf Tage vergraben – und zwar da, wo Frau sicher nicht nach ihm suchen würde. Friedhof beispielsweise. Die Hormone einer Frau haben schon so manchen Mann ins Grab gebracht. Probeliegen ist also angesagt. Sobald das erste Blut ins Höschen schießt, ist alles vorbei. Die Welt beginnt sich zu wandeln, und alles und jeder scheint gegen einen zu sein. Selbst der Ganzkörperspiegel, in dem Frau gestern noch so eine gute Figur gemacht hat, findet das, was ihm nun geboten wird, ziemlich unansehnlich. Von einem auf den anderen Tag weicht die äußerliche Schönheit und nimmt die innerliche gleich mit. Mit Pickeln im Gesicht und zwei Kilo mehr auf der Hüfte würden die Weibchen am liebsten schreiend durch die Nachbarschaft rennen und der hässlichen Kuh von gegenüber so richtig die Meinung sagen... mit einem Baseballschläger!

[FAKT]
Das Stresslevel steigt während dieser roten Tage schneller in die Höhe als an den anderen. Das Ergebnis: von 0 auf 360 in 0,1 Sekunden.
Wo es sonst egal ist, dass der Herr des Hauses seine „verdammt ekelhaft stinkenden Socken" überall liegen lässt, würde die Frau ihm diese jetzt am liebsten hinterher schmeißen ...mit Backstein drin ...oder einer Bombe! Wo es sonst egal ist, dass die Kassiererin an der überfüllten Kasse etwas langsamer arbeitet als ihre Kollegin, ist sie in diesem Moment ein verdammt faules Stück, das einen ganz bestimmt absichtlich warten lässt (verdammte Schl*** und bescheuerte Hu**!). Eine Frau, die den ganzen Tag damit beschäftigt ist, blutige Tampons oder Binden zu wechseln, Menstruationstassen zu leeren, das eigene Blut von den Händen oder (wenn's kleckst) von der Klobrille zu putzen, Blutflecken im Höschen einzuweichen, weil was übergelaufen ist, den Toilettenmüll zu entsorgen, weil blutgetränkte Hygieneprodukte schnell anfangen zu stinken, Schmerztabletten zu nehmen, weil das Ablösen der dicken Schleimhaut nicht zu ertragen ist, hat das verdammte Recht, ihrem Partner wegen Kleinigkeiten den Stinkefinger zu zeigen. Für die Männer heißt das: Zähne zusammen beißen und hoffen, dass ein kleiner Socken-Fauxpas nicht zur Trennung führt.

(Un)begehrte Objekte

Doch neben der monatlichen Ausblutung gibt es noch das
ein oder andere mehr, was unsere Genitalien und unsere
Bereitschaft zu wildem und hemmungslosem Sex beein-
trächtigen kann. Jeder, wirklich jeder, der seinen mehr oder
minder attraktiven Intimbereich rasiert, hatte bereits dieses
Problem: ein eingewachsenes Haar! Schnell erkannt, stellt es
kein großes Problem dar. Dennoch passiert es, dass sich
trotz aller Vorkehrungen Haare völlig unerkannt einnisten
und zu Hautproblemen führen. Hautrötungen, Eiterpickel
oder sogar Geschwüre können die Folge sein. Schmerzhaft
und in der Nähe unserer Genitalien sehr unangenehm.
Besonders dann, wenn gerade jemand anderes im Inbegriff
ist, sich voll und ganz deinem Geschlechtsorgan zu widmen.
Was also tun, wenn du den Eiterpickel erst im letzten
Moment erblickst, dich aber viel zu gerne dem Objekt deiner Begierde hingeben würdest, anstatt in minutenlanger
Arbeit dieses eingewachsene Objekt zu versorgen?
Am unkompliziertesten und schnellsten ist es wohl, deinen
neuen Eiterfreund in Dunkelheit zu ertränken. Mach einfach
das Licht aus und vermeide so, dass dein Sexualpartner
einen Blick auf deinen Pickel werfen kann. Muss das Licht
eingeschaltet bleiben, weil dein Gegenüber eine Null-Tole-
ranz-Grenze gegenüber der Dunkelheit hat, lass deine
Unterhose an und mach deinem Gegenüber klar, dass du es
so seit neuestem am allerliebsten hast. Hilft das alles auch
nichts, und deine Buxe verabschiedet sich während des
Aktes, bleibt dir nur eines: verdecke die kleine Eiterbeule
während des Aktes mit deiner Hand, mit einem Kissen,

einem Sexspielzeug, einer Möhre, einem Staubsaugerrohr oder anderen Dingen, die in greifbarer Nähe liegen. Kommt es trotz all deiner Bemühungen zur Sichtung durch deinen Sexpartner: Verleugne! Du siehst nichts! Gar nichts! Dennoch kann es sich an diesem Punkt ereignen, dass das Objekt deiner Begierde einfach nicht locker lässt. Nein, das muss noch lange nicht das Ende eurer Zweisamkeit bedeuten. Male einfach zwei Augen dran und stelle deinem Gegenüber die kleine Eiterbeule als alten Freund vor. Dein Sexualpartner wird ihn akzeptieren müssen, ob er nun will oder nicht. Völlig egal, was er von deinem Kumpel hält.

Dufte Angelegenheiten

Ist diese Hürde genommen, gilt es für einen erfolgreichen Abschluss des Koitus mit eventueller Befruchtung nur noch ein Problemchen in den Griff zu bekommen: Genitalschweiß! Ich weiß ja, Frauen stinken generell niemals, und die Dingdongfraktion duftet einfach nur absolut männlich und unwiderstehlich. Ist klar! Da die Transpiration im Höschen aber unfassbar real und dazu sehr unangenehm ist, gibt es hier eine Auflistung an Hausmittelchen, für den Fall, dass selbst das überteuerte Genitaldeo nicht mehr hilft.

1. "Zewa Fisch und weg"
Diese tolle Erfindung, die der größten Nässe trotzt und weder reißt noch fusselt, ist die saugfähige und günstige Alternative zur Slipeinlage bei der Frau. Statt ins geile Höschen sickert der ganze Siff nun ins Papier und kann bei jedem Latrinengang einfach ausgewechselt werden. Für

Männer empfiehlt es sich, das ganze Gehänge einfach großzügig damit einzuwickeln. Vorne an der Eichel einfach ein bisschen offen lassen – und schon können faulere Exemplare diese Aufsaughilfe den ganzen Tag tragen.

2. Feuchtes Toilettenpapier
Wer sein Popöchen gerne feucht abwischt, der hat auch diese kleinen Helferlein immer dabei. Einfach ein Paket in die Handtasche stecken und bei Bedarf das Genital damit ordentlich reinigen. Besonders wichtig ist hierbei die Scham-Oberschenkel-Falte. Dort sammelt sich der meiste Schweiß. Frauen, die unter ihrem Rock keinen Slip tragen, können so mit einem Wisch den kompletten Schweiß und damit entstandenen Geruch entfernen. Frauen, die lieber Unterwäsche tragen, sollten sich einen Slip zum Wechseln mitnehmen – falls es dann doch mal zu sehr mufft!

3. Das doppelte Höschen
Damit Geruch und Schweiß nicht zu schnell an die Oberfläche und damit eventuell in die Nase deiner Mitmenschen geraten, wappne dich einfach doppelt! Eine zusätzliche Schicht Deo auf dem Außenteil des Höschens gibt Sicherheit und lässt es untenrum für einige Stunden frisch riechen.

4. Der altbewährte und platzsparende Krabbenchip
Super saugfähig und zudem passend in der Größe, ist dieser kleine Helfer für so manche(n) eine echte Alternative! Er ist umweltfreundlich (wenn auch nicht vegan), kann im Gegensatz zum Feuchttuch im WC entsorgt werden (oder auch verzehrt oder auf Fetisch-Plattformen verkauft) und passt in

jede Hosentasche. Einziges Manko: Für Frauen, die gerne ohne Höschen unterwegs sind, nicht zu empfehlen. Für Männer gilt: einfach unter den Sack klemmen und baumeln lassen – fertig!

5. Breitbeinig vorm Ventilator hocken
Da entsteht gewiss kein Schweiß! Diese Methode hat allerdings einen Schwachpunkt: Verabredungen können nur noch zuhause stattfinden. Alles andere wäre doch seltsam...

Jetzt heißt es also schweißlos in den Kampf ziehen und auf zu neuen Ufern paddeln. Knattern, bumsen, zwitschern und das Bettchen quietschen lassen, bis der Nachbar in der Wohnung unter euch eine Rechnung für ein Paket Gehörschutz einreicht. Oder aber bis er euch im Hausflur oder auf der Straße dezent darauf hinweist, dass ihr wohl etwas laut unterwegs wart letzte Nacht. So manch einer lässt sich nicht lumpen und verwendet direkt eine Umschreibung, die den Nagel auf den Kopf trifft. Andere wiederum benutzen gerne Synonyme. Und wie ich es schon bei Scheide und Penis getan habe, werde ich euch auch hier ein paar nette Alternativen anbieten, um dafür zu sorgen, dass ihr das Kauderwelsch eures Nachbarn auch versteht.

Hier also einige der beliebtesten Bezeichnungen für den
Geschlechtsakt:

vögeln
ficken
bumsen
poppen
begatten
kopulieren
sich miteinander vereinigen
miteinander schlafen
Verkehr haben
Liebe oder Sex machen
Beischlaf vollführen
es (miteinander) treiben
eine Nummer schieben
intim werden
rammeln
jemanden vernaschen
jemanden flachlegen
jemanden knallen
(durch-)nudeln
besteigen
bügeln
pimpern
jemanden nehmen
knattern

hämmern
Fi(lm gu)cken
Sahne im Kaffee
schrubbeln
Rohr verlegen
stöpseln
aufsatteln
aufbocken
förstern
Snu-Snu
drüberrutschen
kacheln
Knick-Knack machen
Leibesübungen
orgeln
knödeln
scheppern
schnackseln
pudern
einlochen
nageln
bohnern
jemanden besteigen
koalieren

Wie auch immer man es nennen mag – Spaß soll's machen.
Oder Kinder. Kommt wohl auf den Blickwinkel an.

Die Befruchtung

Aktenzeichen XX / XY

Stöhn, stöhn und abspritzen! (So oder so ähnlich...) Stimmt jetzt auch noch das Timing, und die Eizelle der Frau tanzt im richtigen Moment aufreizend Lambada, stehen die Chancen bei rund dreißig Prozent, dass das mit der Befruchtung in diesem Zyklus klappt. Millionen von Spermien, die eine Hälfte mit einem X- und die andere mit einem Y-Chromosom, machen sich also auf den beschwerlichen Weg und folgen ihrem Instinkt. Sie wissen, es ist ein Ort ohne Wiederkehr, und nur wenige von Ihnen werden diese Reise überleben, aber das trübt ihren Ehrgeiz nicht. Im Gegenteil: Sie schwimmen um ihr Leben, soweit der kleine Zieselschwänzchenantrieb sie zu bringen vermag.

[FAKT]
Genau wie die einäugige Schlange besitzen auch Spermien keine Augen. Wissenschaftler fragten sich also, woran die quirligen Dinger sich orientieren, und fanden heraus, dass sie einem bestimmten Duft entgegen schwimmen, den die Eizelle absondert. Dieser Duft soll an Maiglöckchen erinnern. Eine schöne Vorstellung. Außerdem können Spermien bis zu fünf Tage im weiblichen Körper überleben. Das bedeutet also, dass auch schon einige Tage vor dem Eisprung die fruchtbare Zeit beginnt.

Sind die Herren der Schöpfung bei der Dame ihrer Wahl angekommen, geht es nun darum, zu knabbern bis man zum

Kern vorgedrungen ist. Dort wartet das X-Chromosom auf sein Gegenstück und die Vereinigung.
Hier mal eine kleine Rechnung:

X-Eizelle + Y-Sperma = XY – ein Junge
X-Eizelle + X-Sperma = XX – ein Mädchen

Es kursieren ja Gerüchte darüber, dass Y-Spermien zwar schneller sein sollen als X-Spermien, dafür aber eine geringere Lebenszeit haben. Das bedeutet also: Willst du ein Mädchen, muss die Füllung fünf Tage vor dem Eisprung in die Gans. Willst du einen Jungen, ist Schießen in der letzten Minute angesagt. Klingt doch ganz simpel, oder? Doch egal ob Mädchen, Junge oder beides zusammen, alles beginnt gleich: mit einem Knäuel voller Genetikkram, der das Leben aller auf den Kopf stellen wird.

Ich bin mir ziemlich sicher, dass ich an dieser Stelle keine Tipps für befriedigenden Sex geben muss. Immerhin ist der während der Kinderwunschzeit sowieso nicht auf Befriedigung ausgelegt, sondern auf Erfolg! Es heißt also: Zeit effizient planen, kein unnötiges Geschwafel einbauen und knattern, bis die Arbeit erledigt ist. Doch im Grunde ist auch das alles nur eine Frage der Zeit. Hat es nämlich irgendwann BÄHM gemacht und der Falke ist gelandet, hat das ganze Rumgeblute und Rumgeheule für rund zehn Monate ein Ende. Oh! Halt! Geheult wird trotzdem noch, denn das heranwachsende Knäuel in der Gebärmutter überflutet das Muttertier mit einer ordentlichen Menge an Hormonen. Hurra! Oder sollte ich eher sagen „ACH DU SCHEISSE"?

Hormone

Unsichtbar und trotzdem Kacke
seid ihr Schuld an so mancher Macke!
Wutausbrüche, Pickel, im Bett ne Schlappe,
dat jeht allet auf eure Kappe!
Ihr macht Frauen trocken und Männer schlaff,
ihr könnt so viel, da bin ich wirklich baff!
Doch was wirklich wichtig ist,
ihr wisst nicht, wie man sich verpisst!
Ihr kommt und geht, wann ihr es wollt,
und tut so gar nicht, was ihr sollt!
So mancher ist wegen euch verreckt,
hat sich vor seinem eignen Pickelface erschreckt.
Doch als wäre das noch nicht genug,
treibt ihr weiter euren fiesen Unfug!
Macht Frauen zu Nymphos oder Zicken,
treibt sie in den Wahnsinn oder zum...Hausputz!

Das Motzhormon (kurz Motzomon)

– in der Schwangerschaft und vor allem während der Entbindung zuständig für den Ausdruck von Gefühlen und Befindlichkeiten

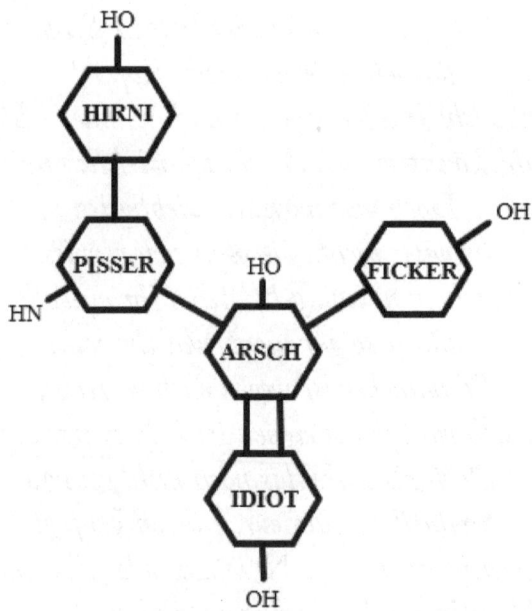

Die chemische Verbindung

DAS ERSTE TRIMESTER
Lebst du noch, oder kotzt du schon?

„Eine Runde Würgen am Morgen
vertreibt weder Kummer noch Sorgen."
(alte Toilettenweisheit)

Der erste Schwangerschaftsmonat

Der Embryo ist erst 2mm groß.
Das entspricht dem Samen einer Hanfpflanze.

●

Maßstab 1:1

Unter Umständen alles anders

Der Geschlechtsverkehr war erfolgreich – zwei Streifen in Pink verkünden das Ergebnis des Schwangerschaftstests: Herzlichen Glückwunsch, das Hühnchen ist gefüllt, der Braten ist im Ofen! Was verdammt lecker klingt, ist der Anfang einer langen Odyssee bestehend aus Kotzanfällen, Fressattacken und Stimmungsschwankungen.

Natürlich, nicht jede Schwangerschaft ist gleich, aber – und an dieser Stelle lehne ich mich mal ziemlich weit aus meinem Fenster im dritten Obergeschoss – auch nicht jede Schwangerschaft verläuft wie in einem Kinderbuch. Dass der Storch die süßen Kleinen in einem weißen Baumwolltuch zu ihren Eltern bringt, ist seit 1982 nämlich widerlegt. Schade eigentlich, so bliebe der Frau so manch ein vaginales oder nervliches Desaster erspart. Dennoch gibt es ein paar Dinge, die wirklich auf jede Schwangerschaft zutreffen, denn es wird sich so einiges ändern. Großes Indianer(innen)ehrenwort!

Um euch schon einmal einen kleinen Vorgeschmack zu geben, habe ich einige Merkmale herausgesucht, deren Veränderung jede Schwangere (be)trifft. Die eine trifft es mehr, die andere weniger. Wäre ja sonst auch ziemlich langweilig in den 165 Elterngruppen, findet ihr nicht auch? Beim Lesen der folgenden Aufzählung aber bitte achtsam sein, immerhin befinden wir uns nun in einer sehr sensiblen Phase.

Aufgepasst, geht los!

1. Die Frau kann nicht mehr ungewollt schwanger werden.

2. Ein Zwei-Liter-Wasservorrat für einen Ausflug ist nicht mehr notwendig. Mami in Spee hat früher oder später genug davon für alle – in den sexy Schwangerschaftsstelzen.

3. Die Leute fragen nicht mehr, wie es den werdenden Eltern geht, sondern erkundigen sich nach dem Wohlbefinden des ungeborenen Babys.

4. Einkaufen mit Einkaufszettel? Fehlanzeige! Ab jetzt folgt das Weibchen nur noch dem Bauchgefühl. Tagelanges Recherchieren, wo die Geflügelwurst am günstigsten zu haben ist, entfällt also ab sofort. Das spart zwar Zeit, aber kein Geld, denn eine werdende Mutter hat ganz exquisite Wünsche. Eine Palette Nuss-Nougat-Creme, zwölf Pakete Räucherwürstchen, getrennt oder in Kombination genossen – die kreative Genusslust kennt da nicht viele Grenzen.

5. Statt sehnsüchtig auf einen neuen Kinofilm zu warten, wird ab jetzt nur noch einer Sache entgegengefiebert – den Wehen. Ist ja auch fast so schön wie ein Kinobesuch mit Popcorn und Cola light. Fast!

6. Auf dem Bauch zu schlafen ist für den trächtigen Part der Lebensgemeinschaft nur noch bedingt möglich. Hier gewinnt die wachsende Plauze die Oberhand – oder eben den Oberbauch.

7. Falls Frau und Mann sich in den kommenden Monaten noch mit Bettsport beschäftigen, geht es nicht mehr sehr leidenschaftlich und erotisch zu. Das neueste Thema unter der Bettdecke: Kann die Lörreskappe dem Kind Schaden zufügen? Neben solch abtörnenden Gedanken strahlt selbst das Räucherwürstchen mit Nutella mehr Erotik aus.

8. In der Kosmetiktasche der Frau befindet sich statt eines Lippenstiftes eine Reihe an Tabletten für die richtige Versorgung in der Schwangerschaft: Magnesium, Eisen, Erz, Gold....

9. Der Frühsport besteht nun darin, die Haare beim Kotzen aus dem Gesicht zu halten. Diese Übung bildet Muskeln, die später dabei helfen, das Kind bis zum sechsten Lebensjahr zu tragen.

10. Der normale Kalender hat ausgedient, das Leben wird jetzt in Schwangerschaftswochen, kurz SSW gerechnet.

11. Was Frau auch schwanger noch gerne tut, ist shoppen. Ab jetzt jedoch nicht mehr für sich, sondern für den sehnlichst erwarteten Nachwuchs. Da Vorfreude ja bekanntlich die schönste Freude ist, fließt ab jetzt das Geld wie Sand durch die zierlichen Frauenhände – und selten auch durch die Männerpranken.

12. Für die Rechtfertigung der Fressattacken muss nun der ungeborene Sprössling herhalten.

13. ...genau wie für die Stimmungsschwankungen.

14. Sodbrennen und „Restless Legs" halten die Frau nun stundenlang wach. Kommt es ganz schlimm, sogar tagelang. Ach, wäre das schön, wenn man den ganzen Schlaf nach der Geburt aufholen könnte – ja, wenn...

15. Statt es mit Humor zu nehmen, regt das Weibchen sich enorm über meinen Punkt 1 in dieser Aufzählung auf. Schwangere sind so launisch und sensibel.

Von Magie und Genetik

Du findest den ersten Schwangerschaftsmonat so schon spannend genug? Dann kommt hier noch eine Sache, die das Ganze so richtig auf den Kopf stellt: Er ist voll Fake! Tatsächlich wird nämlich die erste Schwangerschaftswoche mit dem Eintreten der letzten Monatsblutung gezählt. Das bedeutet im Klartext – und jetzt aufpassen – dass die Frau bereits vier Wochen schwanger ist, obwohl ihre Eizelle erst vor zehn bis vierzehn Tagen befruchtet wurde. It's magic!

Ebenfalls magisch ist wohl auch die Wirkung des positiven Schwangerschaftstests auf die Bauchmuskeln. Kaum wird nämlich registriert, dass sich tatsächlich Nachwuchs angekündigt hat, erschlafft die ganze untere Bauchregion, und der Kohlblähbauch wird zur formschönen Babykugel. So manch eine(r) beginnt jetzt schon, das Bäuchlein liebevoll zu streicheln. Hallo kleines Kohlbaby! Ab jetzt bleibt also der Hosenknopf geöffnet, sofern Frau noch keine Schwangerschaftshosen trägt, um ihr Foodbaby ordentlich einzupacken – es soll ja nichts eingequetscht werden.

Ein weiterer Punkt, der entweder mit Eintreten der Schwangerschaft oder aber schon Jahre vorher beginnt: Frau denkt darüber nach, wie ihr Kind wohl aussehen wird. Das Positive bei einer Geburt ist ja das, was dabei "herauskommt" ...welch flacher Wortwitz! Es gibt dünne Babys, kleine Babys, große Babys, dicke Babys, süße Babys und Babys, die vermeintlich aussehen wie ihr Vater! Doch alle Babys haben eine Sache gemeinsam: Sie werden nie wieder so aussehen wie an diesem Tag.

[FAKT]

Eine wirklich interessante Tatsache für alle, die nicht nur Hunger auf Kuchen, sondern auch Wissenshunger haben: Früher dachte man, dass Babys bei der Geburt immer dem männlichen Erzeuger ähnlich sähen. Dies hätte eigentlich ganz simple, evolutionstheoretische Gründe. Vor vielen Jahren – und wir sprechen hier von einer Zeit, in der Jesuslatschen noch lange keinem Trend entsprachen – waren Frauen und Kinder von dem Schutz des Erzeugers abhängig! Es wäre also ein guter Schachzug der Natur, würde der Vater sein Kind auf Anhieb "erkennen". Die Männer investieren umso mehr in den Nachwuchs, je stärker sie davon überzeugt sind, dass er auch wirklich von ihnen stammt. In einer Studie wurden hundert Männern verschiedene Babyfotos gezeigt. Eines der Fotos wurde mit einem Bildbearbeitungsprogramm manipuliert, und verschiedene Merkmale des männlichen Probaten wurden eingebaut. Dieser Test zeigte, dass genau dieses manipulierte Baby von den Männern als am attraktivsten wahrgenommen wurde. Dieser "Genie-streich der Natur" wurde jedoch vor einigen Jahren von Wissenschaftlern widerlegt. Es gibt keinen natürlichen Mechanismus, der das Aussehen des Nachwuchses steuert. Natürlich gibt es Babys, die ihrem Vater am ähnlichsten sehen. Aber dies hat lediglich genetische Hintergründe und ist kein Übrigbleibsel der Evolution.

Das Übel mit der Übelkeit

Am Ende des ersten Schwangerschaftsmonats beginnt es dann in 70% der Fälle, unangenehm zu werden. Übelkeit, Kotzerei und allgemeines Unwohlsein. Wer betroffen ist, kann in circa acht Wochen wieder aufatmen, ohne das eigene Erbrochene dabei zu verschlucken, denn in der Regel hält diese Übelkeit bis zum vierten Schwangerschaftsmonat an. Da dein Umfeld deinen Blähbauch noch nicht als ästhetischen Babybauch wahrnimmt, wirst du beim Kübeln in Nachbars Blumentopf vielleicht erst einmal als nicht ganz so anonyme Alkoholikerin abgestempelt. In diesem Fall sollte Frau nicht versuchen, sich mit der Schwangerschaft heraus zu winden – glaubt einem mit Kotzebröckchen um den Mund ja eh keiner. Es gilt also, die Klappe zu halten und später mit einer ordentlichen Beule über der Hose für ein Aha-Erlebnis zu sorgen.

Und das Übel mit der Angst

Wer singend, klatschend und unbeschwert durch die Schwangerschaft gehen kann oder konnte, darf sich an dieser Stelle dezent getätschelt fühlen. Du hast alles richtig gemacht. Angstbratzen wie ich sind da leider eine ganz andere Hausnummer und weder für sich selbst, noch für Ärzte oder Familie ein Zuckerschlecken. Schon in den ersten Wochen kochen da nämlich die schlimmsten Befürchtungen hoch, und statt gemütlich Tee zu trinken, werden die Finger auf dem Handy wundgegoogelt. An dieser Stelle möchte ich betonen: Das ist nicht gesund! Mein Mann hatte in dieser Zeit immer einen Spruch parat: „Wenn du das Unglück im Internet suchst, findest du es auch. Es gibt nämlich immer diese EINE Person, der genau DAS passiert ist." Tja, und was soll ich sagen, so war es auch. Ganz ohne Humor und Witz will ich an dieser Stelle etwas los werden und euch ins Gewissen reden: Lasst die Finger vom Handy und vertraut eurem Bauchgefühl! Wenn wirklich etwas nicht stimmt, dann spürt ihr es. Es macht dem Kind und einem selbst nur unnötig Stress, wenn man über ungelegte Eier nachdenken muss. Tut euch also selbst einen großen Gefallen und chillt eure Base. Am besten in der Badewanne bei vierzig Grad heißem Wasser ...oh HALT! Lieber nicht, denn das soll ja nicht sehr gut fürs Kind sein. Ja, ihr merkt schon, es gibt Dinge, über die sollte Frau einfach nicht nachdenken, sondern ihre Schwangerschaft genießen. Fragt im Zweifelsfall eure/n Gynäkologen/in oder die Hebamme. Die wissen wirklich, was Sache ist.

Der zweite Schwangerschaftsmonat

Der Zellhaufen ist schon 1,6cm lang und wiegt 1 Gramm.
Das entspricht einer leckeren Kidney-Bohne.

Maßstab 1:1

Von Sinnen – von wegen

So langsam registrieren Mann und Frau, was eigentlich vor sich geht. Der eine sieht voller Vorfreude in die gemeinsame Zukunft mit Kind und Kegel, dem anderen schnüren sich bei diesem Gedanken Kehle und Portmonee zu. Doch eigentlich ist es ganz egal, wie man sich die Zeit nach der Geburt vorstellt, denn erstens kommt es anders und zweitens als man denkt. Das hat schon meine Mutti damals gesagt! Eine Sache jedoch ist unumgänglich, sogar für Promi-Queens und Discoschnallen: Der weibliche Körper wird sich verändern. Der eine verändert sich drastisch und ohne Vorwarnung, der andere kommt vergleichsweise mit ein paar lächerlichen Kratzern davon. Tatsächlich gibt es an dieser Stelle nur einen kleinen Trost für die Frau: 80% der Männer nehmen ebenfalls während der Schwangerschaft ihrer Partnerin zu und werden in vielen Fällen zu einer unansehnlichen Kohlroulade mit Speckfüllung und kleinen Möhrchen als Beilage. Dagegen glänzt sogar manch sehr mitgenommenes Muttertier. Ab jetzt heißt es also, den straffen und jugendlichen Body so lange zu genießen, bis sich die ersten Risse oder Pigmentflecken zeigen.

Wo Frau spätestens jetzt erwartungsvoll auf die ersten Veränderungen wartet, wissen die Vertrauten längst Bescheid – sofern Mutti nicht schon mit einem einschlägigen T-Shirt dezent darauf hingewiesen hat, dass sie vor einigen Wochen erfolgreich geschwängert wurde. Vor allem die anderen Weibchen im engen Freundes- und Familienkreis riechen sofort, wenn es jemanden aus ihrer Reihe „erwischt" hat. Ob es an den Hormonen oder aber an den Überresten des erbrochenen Frühstücks in den Haaren liegt, haben Wissenschaftler bisher nicht herausgefunden. Fakt ist aber: Bist du erst mal schwanger, ist es kaum möglich, diese Tatsache vor Geschlechtsgenossinnen zu verbergen. Spätestens wenn Frau vor einem leckeren Erdbeertörtchen sitzt, und der emporsteigende Geruch von frischen Früchten, Vanillepudding und einer Menge Zucker eher an verdorbenen Fisch als an ein leckeres Dessert erinnert, ist für die anderen sofort klar, was Sache ist.

Tatsächlich kann es jetzt schon passieren, dass weder die minzige Zahnpasta noch der Lieblingskäse ohne den nächsten Würgereiz gerochen werden können. Die Hormonausschüttung ist in vollem Gange und bereit dazu, den weiblichen Körper einmal auf Links zu drehen und den Stimmungshaushalt so durcheinander zu bringen, dass nicht einmal die werdende Mutti weiß, ob Sonnenschein oder Regenwetter angesagt ist ...mal abgesehen von der ständigen Übelkeit. Freude, Trauer und Wut liegen schon jetzt ziemlich nah beieinander, und es kann vorkommen, dass dem Partner die Trennung droht, nur weil er statt dem gewünschten Vanilleeis doch tatsächlich ein Bourbon Vanilleeis gekauft hat. Ja! Die schwangere Frau schmeckt diesen feinen Unterschied, denn sie hat ab jetzt nicht nur mehr Haare auf den Zähnen, sondern auch mehr Geschmacksknospen auf der Zunge. Glaubst du nicht? Stelle NIEMALS in Frage, was ein trächtiges Hormonbündel dir sagt – das wäre dein Tod! Will der Mann also lebend aus dieser Sache heraus kommen, zählt nur eines: die Frau hat immer recht! Und wenn sie mal nicht recht hat, tu einfach so, als hätte sie es.

Überall Babys

Ein weiterer Punkt, der in diesem Stadium der Schwangerschaft besonders auffällig ist: Überall sieht man plötzlich andere schwangere Frauen oder Leute, die einen Kinderwagen vor sich herschieben. Als vollkommen im Thema Baby aufgehendes Zukunftselter gehört es schon fast zum guten Ton, unter Gleichgesinnten einen kurzen Blick in den Wagen zu werfen. Die Intention dahinter ist völlig klar. Du willst einen richtig süßen, kleinen Scheißer sehen und dich genüsslich in deiner Vorfreude wälzen.

Doch irgendwann kommt er dann, der Moment, da du in einen Kinderwagen schielst und dich ein wirklich hässliches Baby anglotzt! Jede Mutter möchte an dieser Stelle hören, wie süß ihr Baby ist. Doch wo man nun mal nichts Süßes erkennt, fällt es vielen Leuten schwer, so zu reagieren, dass Mutti nicht gleich den Knüppel raus holt.

Wenn du an dieser Stelle nichts Nettes zu sagen hast, halt einfach deine Fresse, auch wenn es dir als baldiges Elternteil schwerfällt. Doch sei auf der Hut. Wenn du nach dem Blick in den Kinderwagen nichts sagst, wird die Mutter des Ugly Babys ganz genau auf deine Mimik achten. Schau sie einfach an, nicke und lächle. So musst du wenigstens nicht lügen.

Einige sehr hartnäckige Mütter fragen an dieser Stelle: "Und? Süß, oder?" In diesem Fall wiederhole den voran gegangen Schritt: Nicken und Lächeln!

Nichts zu sagen fällt dir schwer? Dann schau noch einmal genauer in den Kinderwagen. Jedes Ugly Baby hat etwas an sich, das tatsächlich süß ist – und sei es nur die Kopfbedeckung. "Da hat aber jemand ein süßes Mützchen auf!" ...und schon bist du aus dem Schneider und hast deine selbst aufgebürdete Moralpflicht erfüllt.

Willst du der Ugly-Baby-Mutter obendrein noch etwas Gutes tun, betone, dass gewisse Gesichtsmerkmale des Babys ihren eigenen sehr ähnlich sind. Das wundervolle an Ugly-Baby-Müttern ist ja, dass sie gar nicht wissen, dass ihr Baby wirklich hässlich ist! Ein Blick in den Kinderwagen, ein Lächeln und der Satz "Das sieht ja so aus wie du" oder "Es hat ja deine Augen" sind Balsam für jede Mutterseele. Ich rede hier ganz bewusst im Neutrum. Denn wenn die süße Kleine hier als Junge betitelt wird, kann das Ganze doch noch mal ne Nummer gefährlicher werden – ganz egal wie hübsch oder hässlich der kleine Scheißer auch sein mag.

Eine weitere Art, diese Begegnung mit einem positiven Gefühl zu verlassen, ist die folgende: Vergleiche das Baby mit einem Sprössling von Prominenten. "Sieht ein bisschen so aus wie das Baby von Brad Pitt und Angelina Jolie…" (in hässlich natürlich, aber diesen kleinen Zusatz denkst du dir einfach nur!)

Bist du eher von der ehrlichen oder humorvollen Sorte und kannst dir wirklich keinen blöden Kommentar verkneifen, vergleiche das Baby mit einer hässlichen Filmfigur und lache danach so, als wäre es ein Scherz gewesen. Ungefähr so: "Das sieht ja aus wie einer von den Gremlins!" – Jetzt bitte lachen!

Ist der Spuk dann vorbei, und ihr geht wieder eurer Wege, hoffe einfach, dass andere Leute an eurem künftigen Kinderwagen nicht um Worte ringen müssen. Und wenn doch... verpasst du ihnen einfach eine Nackenschelle. Wer braucht schon solche Miesepeter!

Die Sache mit dem Wasserlassen

Ja, ich weiß, die Überleitung von hässlichen Babys zu einer hässlichen Überraschung im Höschen ist jetzt nicht sehr gelungen. Aber Frau kann sich über gewisse Dinge einfach nicht früh genug Gedanken machen. Fakt ist, in einigen Monaten ist es soweit: Du wirst vermutlich beim Lachen und Niesen ein bisschen Urin verdrücken. Jetzt ist der passende Zeitpunkt, um schon einmal etwas vorzusorgen und deinen Vorrat an Slipeinlagen und Binden etwas aufzustocken. Ist dein Kind nämlich groß genug, drückt es gegen deine Muskulatur, und das Gewebe lockert sich etwas. Aber keine Panik, im besten Fall ist in eineinhalb Jahren wieder alles so wie vor der Schwangerschaft.

Der dritte Schwangerschaftsmonat

Das Ungeborene ist derzeit in etwa
5,4cm lang und 14 Gramm schwer.
Dies entspricht dem Durchmesser eines Kondoms.

Maßstab 1:1

Wer sich zu fragen wagt...

Frau nutzt ihre würgefreien Momente, um sich in Mama-gruppen, Muttiforen und Bonusprogrammen anzumelden und so kostenlose Artikel abzustauben. Sie ist in ihrer Schwangerschaftsentwicklung mittlerweile so weit, dass sie statt zu googeln die gemeine Weibercommunity um Rat fragt. Auf Social Media Plattformen kann man ja generell nur noch mit Schutzweste und Machete eine Frage an eine Community stellen. Wenn Frau als Mutter aber eine Frage an Mitmütter hat, ist sie selbst mit einer geladenen Pumpgun schutzlos ausgeliefert. Das sieht dann zum Beispiel so aus:

Mutti in Spee: Hallo ihr Lieben. Wir bekommen in wenigen Monaten unser erstes Kind. Es wird ein Mädchen. Unsere Verwandten fragen schon immer, was sie zur Geburt schenken könnten. Habt ihr Ideen oder Ratschläge?

Mutti 2: Windeln und Schokolade. Das geht immer.

Mutti 3: Darf man sich als Jungsmama auch dazu äußern?

Mutti 4: Windeln und Schokolade? Windeln kannst du doch selber kaufen, und für Schokolade ist es noch viel zu früh. Total unnötig. Hier gab es ein Stapelspiel von Maria Montessori.

Mutti 2: Ähm... Schokolade für die Mutti natürlich. Ich weiß selbst, dass man einem Neugeborenen keine Schokolade gibt, ich bin ja auch nicht blöd.

Mutti 5: ....Schokolade aber nur die vegane Variante wegen der Kuhmilch. Sojamilch kann man auch gut fürs Fläschchen nehmen, wenn man nicht stillt, schmeckt etwas nussig.

Mutti 6: Stillen ist das BESTE! Fläschchen geben nur Rabenmütter. So eine Scheiße! Wer sein Kind wirklich liebt, würde niemals die Flasche geben, das ist erwiesen.

Mutti 2: Warum denn vegane Schokolade? Ne Tafel Milka würde doch auch vollkommen reichen. Es muss nicht immer etwas extravagantes sein, finde ich. Aber das ist nur meine Meinung.

Mutti 3: AHA! Als Jungsmama darf man also keine Tipps geben? War ja KLAR!

Mutti 5: Na weil die Kuhmilch für Kälber ist?! Das hatten wir doch letzte Woche schon in dieser Gruppe. Kann es sein, dass es dich gar nicht interessiert was wir schreiben?

Mutti in Spee: Also...Windeln klingen ganz gut.

Mutti 7: Hier gab es nichts. Dat Kind bekommt scho imma genug. Muss zur Gebut nich auch no sein.

Mutti 8: Wat bist du denn für eine. Lern mal Deutsch! Einem Kind nichts zur Geburt zu schenken ist herzlos.

Mutti 7: Hör auf mich zu beleidigen! Du kenns mia garnisch!

Mutti 3: ALTEEEER! Sexismus PUR! Jetzt werde ich als Jungsmama auch noch ignoriert. Dann kann ich direkt die Gruppe verlassen.

Mutti 5: Dann komm in unsere vegane Muttigruppe. Da ist jeder Willkommen. Ich sende dir den Link via pn.

Mutti 9: Kann ich den Link auch haben?

Mutti 5: Link is raus!

Mutti 10: War Maria Montessori nicht schon tot? Wie kann die dann noch Stapelspiele machen?

Mutti in Spee: Ich glaube, ich lass uns Windeln und Schokolade schenken. Danke für eure Tipps. BITCHES!

Doktorspiele

Ist die erste dieser prägenden Konversationen unter Müttern geschafft, kann die nächste eher unangenehme Begegnung in Angriff genommen werden: der Gang zum Frauenarzt.
Falls nicht schon längst geschehen, sollte Frau spätestens jetzt diesen Schritt wagen und ihre Schenkelchen in dem beliebten Ärztestuhl ausbreiten. Tatsächlich ist es ja so – und das können Männer vermutlich erst dann nachvollziehen, wenn sie einmal beim Urologen waren – dass Frauen nicht gerne zum Frauenarzt gehen. Nun ja, anders ausgedrückt, sie gehen schon gerne hin (gibt ja in manchen Wartezimmern Kekse, um die aufgeregte Frauenschar etwas zu beru-

higen), aber sie legen sich nicht gerne auf den Behandlungs-
stuhl. Irgendwie komisch, oder? Kommt in der Disco der
Kronjuwelenträger XY und will aus Geilheitsgründen eine
Vagina kontrollieren und berühren, werden die Damen
feucht, und die Beine öffnen sich von ganz alleine. Wird eine
Vagina aber aus vorsorglichen Gründen kontrolliert und
berührt, kommt das große Schamgefühl. Vielleicht sollte
demnächst einfach ein toller Discohengst diese Untersuchungen vornehmen. Wäre sicherlich ein Gewinn ...oder
doch nicht? Bleiben wir beim Gynäkologen und überlegen,
was jetzt wohl als nächstes passiert. Ich sage es euch: Eine
schwangere Frau, die in den ersten Monaten untersucht
wird, bekommt einen „Innenultraschall", da von außen und
durch die Bauchdecke noch nicht viel zu sehen ist. Und JA,
es ist genau das, wonach es sich anhört. Eine Art Dildo mit
Kamera wird zuerst angefeuchtet und dann in die Vagina
eingeführt. Jeder Kerl, der sein bestes Stück bis hierhin
gerne einäugige Schlange genannt hat, bekommt da echte
Konkurrenz. Heiß ist das Ganze allerdings gar nicht. „Achtung, jetzt wird es etwas kalt..." ist nämlich der Einleitungs-
satz, dem eine sehr intime und verdammt wichtige Untersuchung folgt. Sollte Frau noch immer nicht registriert
haben, welches Wunder sie in sich trägt, dann passiert es
spätestens dann, wenn der Herzschlag des Kindes auf dem
Monitor zu sehen ist. Nach dieser vermutlich emotional und
auch körperlich sehr überraschenden Untersuchung ist dann
erst mal Abwischen und Anziehen angesagt. Es folgen ein
paar Bluttests, Urintests und – das Schlimmste – Gewichts-
test! So manch ein Muttertier in Spee könnte schon jetzt aus
den Latschen kippen, wenn rund zwei Kilo mehr auf der

Waage zu sehen sind. Aber ruhig Blut, gewöhne dich daran. In den nächsten Monaten wirst du vermutlich aufgehen wie ein Hefekloß.

Oh, und apropos Hefekloß – schon einmal einen Hefekloß mit Tomatensauce und Apfelmus probiert? Soll unter Schwangeren der letzte Schrei sein. Ihr wisst ja, saure Gurken mit Nutella und so....

Der Mann zu seiner Frau:
„Schatz, weißt du noch, wo ich die Schokolade, die Fleisch-
wurst und das Kilo Käse
hingeräumt habe?
Ich finde es einfach nicht!"

Frau:
schweigt und reibt sich den Bauch.

DAS ZWEITE TRIMESTER
Alles nur Pipifax*?

Pipifax - lat. [pipifaxtus] hat seinen Ursprung in der frühen Kreidezeit wo wichtige Mitteilungen mit Hilfe von Urin in den Schnee geschrieben wurden.

Der vierte Schwangerschaftsmonat

Der Sprössling ist nun rund 11,6 cm groß
und 100 Gramm schwer. Dies entspricht einer Avocado.

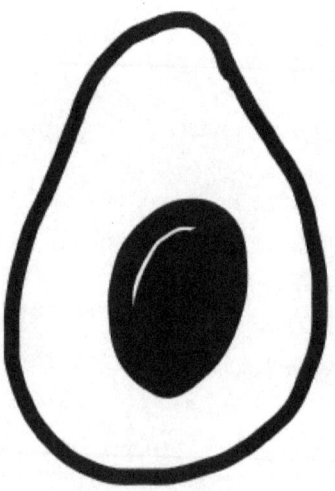

Maßstab 1:1

So ein Sch(w)eiß!

Im besten Fall hat die Kotzerei nun ein Ende, und die werdenden Eltern können sich endlich wieder ohne Kotzebröckchen im Mundwinkel küssen. Nun ja, sofern Mann seine Frau noch riechen kann. Die Hormone, die seit geraumen zwölf Wochen im Körper des Weibchens umherflattern, verändern nämlich die Schweißproduktion und auch den Geruch.

Um der Sache mal richtig auf den Grund zu gehen und um zu verstehen, dass es gar nicht so schlimm ist, wie es sich anhört, stellen wir uns folgende Frage: Warum schwitzen wir überhaupt? Bei Hitze und Anstrengung läuft unser Körper Gefahr zu überhitzen. Besonders in der Schwangerschaft möchte unser Körper uns vor solchen unschönen Dingen bewahren. Um das Überhitzen also zu vermeiden, sondern die Schweißdrüsen ein Gemisch aus Wasser und Harnstoff (Ja, Urin!) ab. Dies soll die Haut von außen kühl halten. Positiver Nebeneffekt: Man muss weniger Urin auf dem herkömmlichen Weg entsorgen. Kommt der Frau ja schon mal zugute. Negativer Nebeneffekt: Man muss wesentlich mehr trinken, was damit den positiven Nebeneffekt aufhebt. Es sei denn, man gleicht seinen Flüssigkeitshaushalt nicht aus.

Witzig ist auch: Wer weiß, wie Schweiß schmeckt – und ich bin mir sicher, das wissen 100% aller nach Freud klar denkenden Menschen (auch du) – der kann sich ebenso ausmalen, wie Urin schmeckt. Pah! Da hat man sich sein Leben lang vor einer Eigenurintherapie gesträubt und muss nun feststellen, dass der gleiche Harnstoff aus seinem Urin auch im Schweiß enthalten ist...

Frischer Schweiß ist im Normalfall geruchlos. Ist Schweiß aber etwa sechzig Minuten alt (während der Schwangerschaft reichen da schon knapp zehn Minuten), wird er von den typischen Hautbakterien abgebaut und beginnt zu stinken. Eine Ausnahme bildet die Pubertät: Durch verschiedene hormonell bedingte Vorgänge im Körper kann auch frischer Schweiß schon nicht mehr ganz so frisch wirken, aber darüber sind wir ja schon hinaus.

Der Vorgang der Schweißabsonderung hat unterschiedliche Benennungen: Transpiration, Schwitzen und „Ey, du stinkst".

Neben den unterschiedlichen Namen gibt es verschiedene Schweißzonen, die durch unterschiedliche Faktoren auch andere Aromen entwickeln: Achselschweiß, der nicht ganz so aromatische Rückenschweiß, Bauch-, Brust- und Dekolletéschweiß, Fußschweiß und natürlich der sehr markante Genitalschweiß.

Oberkörperschweiß ist ja oft schon von weitem an seinem Muster zu erkennen, das sich unter den Armen, an der Wirbelsäule und unter der Brust abzeichnet. Die sogenannten "Schweißfüße" und der "nasse Wurm" oder die „schwitzige Spalte", wie sie auch gerne genannt werden, bestechen dagegen eher durch ihren stechenden Geruch als durch Schweißränder.

In erster Linie gilt: Wenn man das Gefühl hat, nach Schweiß zu riechen, in welcher Körperregion auch immer, einfach mit einem fruchtigen oder blumigen Deo die betroffene Stelle besprühen. Diese Maßnahme entfernt zwar keinen Schweiß, hilft aber den anderen Menschen auf diesem Planeten, ein paar Worte mit der betroffenen Person zu wechseln, ohne tränende Augen zu bekommen. Es gibt auch Menschen, die entfernen ihren Schweißgeruch täglich mit mehreren Katzenwäschen und dem Wechseln ihrer Kleidung. Diese zwei Maßnahmen erhöhen neben den Wasserkosten und der zusätzlichen Wäsche lediglich das Bedürfnis der Haut, erneut Schweiß auszustoßen. Genau das wollen wir ja aber gerade in der Schwangerschaft nicht. Da hat Frau schon genug andere Probleme.

Zudem wollen Wissenschaftler herausgefunden haben, dass schöne und intelligente Menschen mehr und häufiger schwitzen als ihre dummen und hässlichen Artgenossen. Der Grund: Der betörende Geruch, vor allem in der Schamregion, soll passende und paarungswillige Menschen anlocken, um den Fortbestand der Art zu sichern. Klingt logisch, oder? In der Schwangerschaft trifft das leider nicht mehr zu. Das Weibchen ist ja schon befruchtet, da ändert sich also einfach nur die Zusammensetzung des abgesonderten Stoffes. Ich denke, an dieser Stelle sind die ersten Mut machenden Worte fällig: Keine Sorge, Mitmenschen bemerken den neuen Duft nicht. Oder hast du schon einmal den Intimgeruch einer vollkommen bekleideten Frau wahrgenommen? Zum Beispiel neben ihr an der Wursttheke oder in der Disco an der Bar? Nein! So etwas passiert eben einfach nicht. Das einzige, was andere Menschen in der Umgebung einer Schwangeren aber riechen könnten, sind auftretende Blähungen. Nicht selten spielt neben dem Sinn für gutes Essen auch die Verdauung verrückt. Die Folge sind Verstopfungen oder unerklärliche Blähungen, die genauso schnell wieder gehen, wie sie gekommen sind.

Die Kugel der Wahrheit

Neben der Sache mit den Gerüchen verändert sich in diesem Monat noch einiges mehr. Wer genau hinsieht, kann schon eine leichte Kugel erkennen, und auch für das Umfeld kann nun deutlich sein, was da im Anmarsch ist.
Ab jetzt beginnen die Lästereien. Da kommen in der Nachbarschaft ganz wichtige Fragen auf:

- Ist das Kind gewollt?
- Wollen die damit ihre Beziehung retten?
- Ist ER der Vater?
- Sind die beiden verheiratet?
- Machen die das nur wegen des Geldes?
- Hat sie deshalb vor Kurzem in unseren Garten gereiert?

Einige Nachbarn sind ja wirklich unheimlich gut darin, Dinge im Gespräch mit anderen zu dramatisieren und gemeinsam die unterschiedlichsten Thesen auszuarbeiten. Um dem Risiko vorzubeugen, für die nächsten fünf Monate der Gesprächsstoff schlechthin zu sein, rate ich an dieser Stelle zu einem seriös aufgesetzten Handout, welches in alle Haushalte gereicht werden kann. Wichtiger Inhalt: Geburtsurkunden der werdenden Eltern, Heiratsurkunde (falls vorhanden), Datum und Uhrzeit der Zeugung und bestenfalls Bildmaterial. Wer ein Video von der Nacht der Nächte besitzt, gibt im Handout einfach den Link mit an, und das Gerede in der Nachbarschaft hat ein Ende.

Geilenhausen, den 24.12.2018

Liebe Nachbarn,

wie der ein oder andere von Ihnen schon mitbekommen hat, sind wir in anderen Umständen. Mein Mann hat mich am 29.9.2018 um 20.45 Uhr bei unserem wöchentlichen Koitus erfolgreich geschwängert.

Am 1.11.2018 machte ich bei meiner Morgentoilette um 7.45 Uhr einen Schwangerschaftstest. (Quittung liegt bei)

Ich legte den Test, wie in der Packungsbeilage beschrieben, einige Minuten zur Seite und schaute gegen 7.50 Uhr wieder darauf. (Beweisfoto liegt bei)

Am 2.11.2018 um 9.00 Uhr hatte ich meinen ersten Termin bei der Frauenärztin Frau Dr. Mösmann, auf der Biete 69. Nach der Untersuchung mit einem Ultraschallgerät, welches in meine Vagina eingeführt wurde, um einen Innenultraschall zu machen, stellte sie fest, dass ich in der 5. Woche schwanger war. Ich bekam meinen Mutterpass. (Kopie liegt bei)

Am 4.11.2018 litt ich das erste Mal unter Morgenübelkeit und musste mich ca. 3 mal übergeben.

Ich entschuldige mich, Sie so lange in Unwissenheit gelassen zu haben und lade sie herzlich zu unserer Frage-Antwort-Runde über meine Schwangerschaft am 30.12.2018 in unserer Wohnung ein.

Liebe Grüße

Der fünfte Schwangerschaftsmonat

Der neue Erdenbürger in Spee ist nun knapp
25,6 cm lang und wiegt circa 300 Gramm.
Dies entspricht einem Bierglas ...so in etwa.

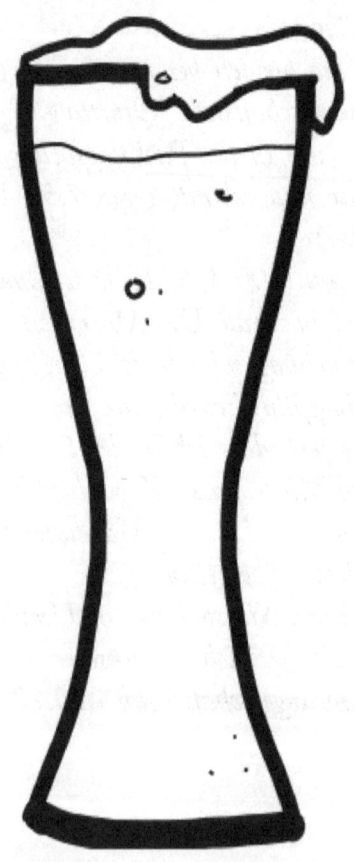

Gut geschmiert

Wer nicht schon vor der Zeugung damit begonnen hat, sein Zukunfsbäuchlein mit teurem Zeug einzucremen, beginnt spätestens jetzt damit. Immerhin ist schon eine deutliche Kugel zu erkennen, und die will ordentlich gepflegt werden. Zur Auswahl stehen ganz unterschiedliche Produkte in noch unterschiedlicheren Preiskategorien. Die Handhabung allerdings bleibt in den meisten Fällen gleich: Schmieren bis die Wehen kommen – und das morgens, mittags und abends. Die letzte Schicht übernimmt natürlich (oder auch sanft mit dem Zaunpfahl darauf hingewiesen) der werdende Papi. Wo früher eine solche Massage mit Koitus oder zumindest einem Cunnilingus endete, gibt es heute an dieser Stelle des Abends nur warme Worte für den Sprössling unter Mamas Babyplauze. Ihr wisst ja, die Sache mit dem Johanneszipfel. Ist der Braten mal im Ofen, hat so mancher Mann Skrupel, seinen Kindermacher nochmal in Aktion zu bringen.

Wer trotz aller selbst inszenierten Bedenken Sex während der Schwangerschaft hat und dabei sogar die Freude eines Orgasmus (nicht zu verwechseln mit Apfelmus) erleben darf, der wird feststellen, dass die Gebärmutter für wenige Minuten kontrahiert. Was sich anfühlt, als hätte Frau einen Stein verschluckt, kann im ersten Moment Panik um das Ungeborene auslösen. Aber Nein! Keine Sorge, ihr wild gewordenen Muttertiere. Ein Orgasmus in der Schwangerschaft und die damit verbundene "Verhärtung" des Gebärmuttergewebes sind wie eine kleine Massage und können dem Kind nicht schaden. Einem weiteren Orgasmus und noch einem und vielleicht noch einem steht also wirklich nichts im Wege. Mit wachsendem Bauchumfang steigt hier natürlich auch das Empfinden. In erster Linie heißt es aber: Was der Mutter gut tut, tut auch dem Kind gut. Also ran an den Speck, meine Lieben! Reagiert Frau auf die Stimulation ihrer Brustwarzen, kann es auch beim Berühren der kleinen Igelschnäuzchen zu merkbaren Bewegungen in der Gebärmutter kommen. Es soll ja Frauen geben, die beim CTG (Überwachung der Wehen- und Herzfrequenzen des Nachwuchses in den letzten Wochen der Schwangerschaft) ein bisschen an den Brustwarzen herumspielen. Warum machen die so was? Der Wehenschreiber schlägt aus! Klingt zwar spannend, alle Angaben sind aber ohne Gewähr, und alle Tests gehen auf eure Kappe.

Die verschlossene Hintertür

Wenn das vorher noch so gar kein Thema war, kommt spätestens jetzt so mancher Mann auf den Trichter, die Frau von hinten zu besteigen. Was für einige wirklich befremdlich klingt, ist die nackte Realität und stellt viele Frauen vor die Frage: Wie bringe ich meinem Partner bei, dass Analsex mir am Arsch vorbei geht – heute, morgen und überhaupt? Wer darauf eine Antwort sucht, darf jetzt besonders aufmerksam lesen. Denn wenn der Lümmel in die Einbahnstraße will, gibt es mehrere Arten, dem Stäbchenträger zu sagen, dass der General am Hintertürchen nichts zu suchen hat!
Doch fangen wir erst einmal weiter vorne an und überlegen uns, wie so ein Analsex überhaupt eingeleitet wird. Wer sich schwer damit tut, zu erkennen, wann der Mann zum Angriff

ansetzt, der achte einfach auf folgende Warnsignale:

1. "Zufälliges" Betasten mit den Fingern

2. "Absichtliches" Betasten mit den Fingern

3. Anfeuchten der Rosette mit Zunge, angefeuchteten Fingern oder Gleitmittel

4. Zungenspitze oder Finger sanft hinein gleiten lassen

5. Leichtes Dehnen des Schließmuskels mit noch mehr Zunge oder noch mehr Finger

6. Anlauf nehmen

7. Schiff versenken

8. Pimpern bis die Rosette glüht!

Ich empfehle, bereits beim ersten Signal die Reißleine zu ziehen. Sicher ist eben sicher! Was viele Frauen als das Höchste der Gefühle bezeichnen, ist für genau so viele der blanke Horror – aus ganz unterschiedlichen Gründen. Wurst im Anschlag, Schamgefühl oder pures Unbehagen sind nur wenige der Gründe. Wie aber genau jetzt dem spitzen Lumpi sagen, dass die Fleischpeitsche nicht in den Anus eingeführt werden soll? Da sich viele Frauen oft scheuen, klare Worte darüber zu verlieren, gibt es hier ein paar Methoden, die helfen können – ganz sicher.

Die High Five gegen ungewollten Analverkehr

1. Sobald dein Partner anfängt, sich mehr mit deinem Hintertürchen zu beschäftigen als dir lieb ist, tu einfach so als hättest du einen wichtigen Termin vergessen. Schwangere sind eben vergesslich. Steh auf, zieh dich an und geh ein Eis essen. So entkommst du dieser unangenehmen Situation. Zumindest bis zu den nächsten analen Annäherungsversuchen. Ein Teufelskreis! Aber hey... da gibt's Eis!

2. Lass die Rosette flattern! Ich denke, das braucht keine weiteren Ausführungen!

3. Merke bereits vor dem Sex kurz an, dass deine Verdauung verrückt spielt. Verstopfung, Durchfall oder Reizdarm, so wie es eben ab und an bei werdenden Müttern ist. Das macht deinen Hinterein- oder -ausgang für intime Aktivitäten mehr als unattraktiv! Dich selbst vielleicht auch ein bisschen, aber das ist jetzt egal!

4. Berichte von einer Freundin, die dir vor Kurzem etwas über Analsex erzählt hat. Dann füge beiläufig ein, dass du davon so gar nichts hältst und dies sowieso dem ungeborenen Kind schadet.

5. Sage und zeige deinem Sexualpartner ganz offen, was dir gefällt und was nicht! Das muss niemandem unangenehm sein. Wer auf deine sexuellen Bedürfnisse nicht eingeht, hat in deinem Bett, auf deinem Sofa, deinem Küchentisch, der Waschmaschine und der Rückbank deines Wagens ver-

dammt nochmal nichts zu suchen. Soll er eben Handarbeit machen. Und mal unter uns: Als Muttertier in Spee sollte es dir leicht fallen, gewisse Dinge ganz unverblümt an deinen Partner heran zu tragen. Jeder weiß doch, dass man einer Schwangeren nicht widersprechen darf. Nie! Ein wichtiges, wenn auch ungeschriebenes Gesetz!

[FAKT]

Ein weiteres ungeschriebenes Gesetz ist wohl auch die eben schon in Punkt 1 erwähnte Schwangerschaftsdemenz. Es kann schon einmal vorkommen, dass Frau wirklich wichtige Dinge einfach vergisst, und das natürlich nicht böswillig. Sei es nun Hausputz, Einkaufen oder schlicht und ergreifend, in welcher Schublade sich heute das besonders scharfe Messer für die Zwiebeln befindet. In einem solchen Fall kann der Mann nur eines tun – die Frau gaaaanz sachte und behutsam an die vergessenen Aufgaben erinnern. Ich weiß, Männer haben es nicht so mit der Achtsamkeit, aber aufgepasst: Wer hier mit der Holzhammermethode um die Ecke kommt, darf sich direkt irgendwo einbuddeln. Sensibilität ist angesagt, um das vergessliche Weibchen nicht zu sehr auf ihre Fehler aufmerksam zu machen. Am besten umschippert man das wogende Gewässer, hält der Herzdame eine Schokoladentafel hin (aber eine von den großen und teuren) und nimmt gleichzeitig die versäumte Aufgabe der Frau auf die eigene Kappe. Das könnte ungefähr so klingen: „Ach Schatz, ich habe gerade gesehen, dass ich vergessen habe zu saugen und das Badezimmer zu putzen. Macht es dir etwas aus, wenn ich das eben erledige, bevor ich mich zu dir und dieser riesigen, teuren Schokolade aufs Sofa kuschel?"

Wer so einleitet, hat dank der vorangegangenen Schokolade schon gewonnen. Frau denkt sich nämlich in diesem Moment Folgendes: „Ich kann nicht in Ruhe Schokolade essen, wenn der hier rumwuselt – besser helf ich ihm eben." Ich würde sagen, das klingt nach einer absoluten win-win-Situation für beide Parteien!

Es kann natürlich auch passieren, dass Frau den Mann einfach alleine staubsaugen lässt und die Tafel verputzt hat, noch ehe dieser seinen kleinen Zeh überhaupt aufs Sofa schwingen konnte. Das könnte Pech sein – oder Karma. Wer weiß das schon?

Gib dem Drachen Milch

Und da sind wir schon beim nächsten sensiblen Thema. Jeder kennt dieses eine Weibsbild, das mit Hand auf dem Magen und gequältem Gesichtszirkus vor einem steht und sagt: "Ich hab soooo Sodbrennen". Wo ich früher nur müde lächeln konnte und eher einen dummen Spruch als Hilfe parat hatte, würde ich nun eine kalte Milch und einen Sitzplatz anbieten. Ich selbst litt so extrem unter Sodbrennen, dass ich nachts nicht in den Schlaf kam und mir regelmäßig ein Glas kühle Milch aus dem Kühlschrank holte ...oder eben holen ließ. Ich dachte immer, Sodbrennen wäre so ein Alte-Leute-Ding. Doch seit meiner Schwangerschaft weiß ich es besser und breche längst nicht mehr in Gelächter aus, wenn ich das Wort Sodbrennen höre. Es ist nämlich mehr als unangenehm. Ich meine, wir Frauen spucken ja eh schon genug Feuer, und gerade in der Schwangerschaft könnte man die ein oder andere Dame als Drache vor einen Turm stellen, um eine Prinzessin zu beschützen (oder eine Tafel Schokolade). Sodbrennen allerdings bringt auch das friedlichste Fabelwesen zur Weißglut. Okay, jetzt im Nachhinein sind Scherze erlaubt, während der Schwangerschaft ist das aber alles andere als lustig. Doch woher kommt dieses Drachenfeuer überhaupt? Während der Schwangerschaft lässt sich das ganz einfach erklären. Durch den Anstieg des Hormones Progesteron entspannen sich die Muskeln und so auch der Schließmuskel (lies bitte weiter, bevor du jetzt schon an den Anus denkst) zwischen Magen und Speiseröhre. Außerdem übt der wachsende Nachwuchs immer mehr Druck auf den Bauchraum aus. In beiden Fällen steigt nun der saure Mageninhalt die Speiseröhre hinauf und quält das werdende Muttertier. Zur Linderung benötigst du nur zwei Dinge: kalte Milch und einen Partner, der läuft, um sie dir zu holen! Fertig! Wer die Milch nicht mag, dem hilft vielleicht eine Banane weiter. Und auch die schmeckt besser mit Lieferservice.

Es kursiert der Mythos, dass starkes Sodbrennen während der Schwangerschaft ein Baby mit besonders voller Haarpracht ankündigt. Abgesehen von persönlichen Erfahrungsberichten gibt es dazu aber weder wissenschaftliche Beweise noch aussagekräftige Studien. Seid also nicht zu enttäuscht, falls nach monatelangem Löschen mit Milch doch ein Spross ohne Fell zum Vorschein kommt.

Der K(r)ampf mit Beinen und Gebiss

Um auch einmal etwas Positives zu berichten, bevor es wieder an die Keule geht: In einer Schwangerschaft wird Frau auf natürlichem Wege geliftet. Eine Schwangere sieht oft strahlend und "voller" aus – nein, nicht nur am Hintern, sondern vor allem im Gesicht. Dies kommt daher, dass in der Schwangerschaft das Blutvolumen um knapp 30% steigt und der Puls sich erhöht. Durch diesen Körpermechanismus soll sichergestellt werden, dass das Kind im Mutterleib optimal und schnell mit allem versorgt wird, was es benötigt. Aber, und jetzt kommt der Knacktus an dieser Geschichte, dieses erhöhte Blutvolumen führt auch dazu, dass Frau plötzlich Krampfadern, Besenreißer oder schneller Zahnfleischbluten bekommt. Heißt im Klartext: Falten im Gesicht werden gegen Krampfadern und gegebenenfalls auch Kompressionsstrümpfe eingetauscht. Tja, und ist der ganze Spuk vorbei, und der Sprössling ist auf der Welt, sinkt das Blutvolumen wieder. Die Falten kommen zurück. Und die Krampfadern? Den meisten Beinen bleiben sie natürlich erhalten. Das wundert dich jetzt nicht wirklich, oder? Das Zahnfleischbluten hingegen kann ab jetzt wieder ein Ende haben, aber auch hier muss ich natürlich noch einmal nachtreten. Man sagt ja bekanntlich, dass jede Schwangerschaft einen Zahn kostet. Warum? Weil in dieser Zeit vergleichsmäßig wenig schützender Speichel produziert wird und der Magensaft aufsteigt. Dieser kann die Zähne nun angreifen, und schwupps haben wir neben den Krampfadern auch noch ein fieses Zahnproblem. Ich drücke die Daumen, dass du davon verschont bleibst.

Wehen auf Übungskurs

Schon ab der zwanzigsten Woche kann es passieren, dass die Gebärmutter sich wie ein Läufer auf seinen nächsten Run vorbereitet. Mit knallengen Hosen und absolut stylischen Schweißbändern um Stirn und Handgelenk geht es für unser Gebärsystem auf die Trainingsstrecke. Diese Übungswehen, die sich durch kurzes Verhärten des Bauches äußern, werden auch Probewehen oder wilde Wehen genannt. Kein Wunder also, dass sie kommen und gehen, wie sie wollen. Einige Frauen empfinden die Trainingseinheiten ihrer G-Mutti als sehr schmerzhaft. Andere hingegen spüren kaum etwas von diesen Kontraktionen. In erster Linie gilt aber: keine Panik auf der Titanic! Noch kein Eisberg in Sicht. Diese Wehen sollen die Gebärmutter nur auf die Geburt vorbereiten und nicht wie ihre großen Geschwister, die Geburtswehen, den Muttermund öffnen.

[FAKT]
Anstatt den Muttermund zu öffnen, bewirken die Übungswehen, dass er sich verkrampft und sogar noch etwas mehr verschließt.

Zum Ende hin können die wilden Wehen etwas stärker werden und sind kaum noch von frühzeitigen Wehen zu unterscheiden. Wenn man sich also unsicher ist oder der Bauch sich ungewöhnlich oft am Tag verhärtet, sollte diese Sache einfach kurz bei Frau Mösmann & Kollegen abgecheckt werden.

Der sechste Schwangerschaftsmonat

Der Fötus ist nun ca. 30cm groß und wiegt 600 Gramm.
Dies entspricht einem Schmuddelheftchen.

Haarige Angelegenheiten

Es ist soweit. Neben dem wachsenden Bäuchlein prasseln ab jetzt noch weitere körperliche Veränderungen auf die Frau ein. Einige davon sind kaum zu bemerken, andere hingegen sind ziemlich auffällig.

Fangen wir an dieser Stelle mit dem kuscheligen Nackenflaum an, der sich während der Hormonüberflutung des weiblichen Körpers auf der Haut bildet. Was nun wirklich flauschig und weich klingt, ist es in den meisten Fällen auch.

Dieser Flusenteppich kann sich vom Haaransatz bis über die Schulterblätter bilden und hält die werdende Mutter auch im Winter schön warm. Schal ade!

Forscher sind sich allerdings bis heute nicht sicher, warum sich dieser Flaum bei der Frau bildet. Faktum ist jedoch, und das ist bewiesen, dass der Fötus im Mutterleib ebenfalls einen leichten Flaum auf der Haut trägt. Dies ist die sogenannte Lanugobehaarung. Die Talgdrüsen der Härchen produzieren die Käseschmiere und helfen dabei, dass diese zum Schutz vor Vibration und Schall am Körper des Kindes haften bleibt. Es ist also vielleicht gar nicht so überraschend, dass auch Muttern den wärmenden Schwangerschaftspelz tragen darf.

Hau(p)tsache gesund, oder?

Weitere einschneidende Veränderungen des weiblichen Körpers sind Pigmentflecken und andere unliebsame Hautprobleme – oder aber wundersame Verbesserungen. Wer vor seiner Schwangerschaft nur mäßig zufrieden mit der Gesichtshaut war und neben einer fettigen T-Zone auch noch Pickel und Mitesser hatte, könnte während der Trächtigkeit großes Glück haben. Oft verändert sich die in dieser Zeit nämlich zum absoluten Gegenteil von dem, was man üblicherweise in der Visage trägt.

Trockene Haut – Ade!

Fettige T-Zone – Ade!

Mitesser – Ade!

Pickel – Ade!

Hallo Pigmentflecken – und die bekommen rund 80% der Schwangeren. In den meisten Gesichtern sind Stellen wie Stirn oder Mundwinkel betroffen. Diese verfärben sich nach und nach. Dummerweise nicht in eine modische Farbe, nein, sie glänzen ab sofort in Kackbraun! Leider bleibt es oft nicht bei kleinen Flecken. Das wäre ja auch zu schön. Wenn Frau schon gebeutelt ist, dann bitte richtig. Diese Flecken können flächendeckend auftreten, und wenn man ganz viel Glück hat, ergeben sie ein wunderbares Muster ...wie das einer Kuh zum Beispiel. Wer nicht so viel Glück hat, der sieht einfach nur aus, als wäre er vor ein frisch lackiertes Brett gelaufen.

Doch das wirklich Tragische an dieser Veränderung ist, sie bleibt vorläufig ein paar Jahre. Die "lupenreine und wunderschöne Haut" verabschiedet sich hingegen noch mit der Plazenta im Kreißsaal. Wahrscheinlich feiern die beiden dort im Abfalleimer eine Party und warten nur darauf, zu Lippenstift verarbeitet zu werden.

[FAKT]
Auch deine Plazenta trägt jetzt irgendwer auf den Lippen. Es sei denn, du hast sie mitgenommen.

Tittibots, transformiert euch!

Wer sich mit seiner neuen Gesichtshaut angefreundet hat, der wird früher oder später beim entspannten Betrachten des Körpers feststellen, dass noch mehr Stellen etwas nachgedunkelt sind. Nippel – auch Brustwarzen genannt – und auch die Schamlippen (falls Frau diese überhaupt noch sehen kann) dürfen ab jetzt nämlich ebenfalls in einem etwas dunkleren Braun glänzen. Neben den Farbnuancen Vollmilch und Noisette soll es auch schon vorgekommen sein, dass manch Frauenzimmer plötzlich Zartbitterschokolade zwischen ihren Schenkeln hatte. Hauptsache Schokolade, oder?

Dieses Körperupdate auf Version 2.0 verdanken wir den Hormonen Östrogen und Progesteron, die während der Schwangerschaft in Hülle und Fülle ausgeschüttet werden. Doch nicht nur die Farbe der Brustwarzen verändert sich, in vielen Fällen werden sie gemeinsam mit dem Warzenvorhof zu kleinen Nippelmonstern. Wer jetzt denkt, damit wäre die Transformation der Brüste abgeschlossen, der irrt! Ja, die Tittibots transformieren sich! Und so werden aus kleinen Brüstchen schon während der Schwangerschaft ordentliche Brüste! Frauen, freut euch, so straff wie in den nächsten Monaten und während der Stillzeit werden eure Tüten nie wieder sein. Ich bin gerade versucht, ein Klagelied für alle Hängetittis auf diesem Planeten anzustimmen, aber ich bin mir sicher, dass ich noch schlechter singe als ich schreibe ...also lasse ich das lieber und widme mich zwei weiteren, beklagenswerten Gliedmaßen.

Dieses Kribbeln im Bein...

Restless Legs! Vor der Schwangerschaft noch nie davon gehört? Ich auch nicht! Um mal eben in den Klugscheißermodus zu schalten und euch von meinen sagenumwobenen Englischkünsten zu überzeugen: Es bedeutet wörtlich übersetzt „rastlose Beine"! Was einige Menschen ihr Leben lang begleitet, tritt bei vielen Frauen in der Schwangerschaft nur saisonal auf. Quasi wie ein großer Erdbeerbecher mit Sahne bei dem Eisdealer deines Vertrauens – nur mit weniger Zucker. Die Symptome kommen des Nachts ganz ohne Vorwarnung. Unangenehmes Kribbeln und Schmerzen in den Beinen halten die betroffene Person wach. Als gäbe es in einer Schwangerschaft noch nicht genug, das der werdenden Mutter den nötigen Schlaf raubt. Kein Wunder also, dass aus einem lieben Mütterchen plötzlich Fräulein Agro wird. Woher dieser Blödsinn kommt, den wirklich niemand braucht, weiß man nicht genau. Ärzte vermuten, dass es mit dem Eisenmangel während der Schwangerschaft und (wie könnte es auch anders sein?) mit der Hormonumstellung zu tun haben könnte. Was den Eisenmangel angeht, können kleine Präparate verabreicht werden, wobei auch nicht jede Frau von Linderung durch diese Mittelchen berichten kann . EIS(en)mangel hatte ich während der Schwangerschaft übrigens nicht. Ich habe mich quer durch alle "Ben & Jerry's" und "Häagen-Dazs" gefuttert. War lecker!
Eis ist ja auch ohne Kind im Bauch neben Schokolade, Sprühsahne und Prosecco bei vielen Mädels das beste Konzentrationsmittel, wenn es darum geht, Erlebtes zu verarbeiten oder Pläne zu schmieden. Vielleicht steigt auch deshalb

der Eiskonsum während der Schwangerschaft um ein Vielfaches. Denn sind wir doch mal ehrlich, spätestens wenn die Bewegungen des Fötus im Mutterleib zu spüren sind, wird dieses Leben so greifbar, dass man überlegt, was man als Mutter oder Vater niemals tun möchte. Man denkt an Dinge, die bei der eigens erlebten Erziehung tiefsitzende Narben hinterlassen haben ...sehr tief. Ich zum Beispiel spürte immer noch die Spucke meiner Tante im Gesicht. Ach, aber lassen wir das und kommen zum Punkt:

" Zehn Dinge, die wir als Eltern niemals tun werden"

1. Dem eigenen und auch keinem fremden Kind mit der Spucke irgendwelche Flecken aus dem Gesicht wischen.

2. Wirklich NIEMALS Plastikspielzeug kaufen – und schon längst nichts mit Batterie und Sound. Nur Holzspielzeug ist angesagt – natürlich von Maria Montessori.

3. Schnuller ist ein absolutes No-Go. Das Kind soll lernen, sich selbst zu beruhigen – ist doch kein Drogenabhängiger.

4. Wenn das Kind in der Nähe ist, wird niemals das Handy in die Hand genommen. Eltern haben als gutes Beispiel voran zu gehen und müssen dem Nachwuchs vorleben, dass man sich auch ohne Handy beschäftigen kann.

5. Das Kind wird NICHT in den Schlaf gewogen. Es soll so schnell wie möglich lernen, alleine einzuschlafen. Natürlich auch hier ohne Schnuller, versteht sich doch von selbst.

6. Es werden keine teuren Babyklamotten gekauft, lohnt sich doch gar nicht. Das Kind wächst viel zu schnell.

7. In der Gegenwart des Kindes wird VERDAMMT NOCHMAL nicht gestritten. Niemals! Nie! Es soll nur mit Harmonie aufwachsen. Wir Erwachsenen können uns so lange zusammenreißen, bis das Kind im Bett ist, und können dann leise diskutieren. Sollte kein Problem sein.

8. Das Baby bekommt vor dem ersten Jahr keine Speisen mit Zucker, Salz, Gluten, Eiern, Glycerin, Weizenkleber oder Palmöl. Davon entwickeln Kinder nur Allergien. Es gibt immerhin genug gesunde Alternativen – der Maissnack vom nahegelegenen Supermarkt zum Beispiel.

9. Babysprache ist tabu! Das Kind soll von Anfang an richtig sprechen lernen.

10. Wenn Fragen rund um das Kind und die Erziehung auf- tauchen, werden wir mit Fachleuten sprechen und keine Dis- kussionen in einschlägigen Mutti- und Papiforen eröffnen.

Und jetzt versucht mal, euch an diesen ganzen Scheiß zu halten. Ihr werdet schnell feststellen, dass das Schwierigste an der Erziehung ist, selbst die ganzen Regeln einzuhalten. Versprochen!

Regelkatalog

Regel 1: Nach dem Aufstehen werden sofort die Zähne geputzt.

Regel 2: Sei immer freundlich und höflich und sage Bitte und Danke!

Regel 3: Fluchen und Schreien ist verboten. Schimpfwörter sowieso.

Regel 4: Es gibt nur eine Hand voll Süßigkeiten am Tag.

Regel 5:...und die am Besten ohne Zucker!

Regel 6: Zum Abendbrot wird nichts Süßes mehr gegessen und vor dem Fernseher schon mal gar nicht.

Regel 7: ...denn der bleibt ab 18 Uhr aus.

Regel 8: ...falls er jemals an war, denn es sind nur dreißig Minuten Fernsehen am Tag erlaubt.

Regel 9: Im Bett wird weder getrunken noch gegessen.

Regel 10: Wer im Bett liegt, muss sofort einschlafen.

Wenn Kinder auf Schwangere treffen:
„Warum hast du so einen dicken Bauch?"
„Da ist ein Baby drin!"
„Aber Babys darf man nicht essen...!"

DAS DRITTE TRIMESTER
Hämorrhoiden und andere Beulen

„Es gab mal eine Zeit, da war ich straff wie ein junger Apfel ...aber daran kann ich mich nicht mehr erinnern."

Der siebte Schwangerschaftsmonat

Der Nachwuchs ist nun knapp 37,6 cm groß und wiegt 1 kg.
Beachtlich! Das entspricht einer Kokosnuss.

Hallo Tabuzone!

Der Bauch wächst – und mit ihm die unliebsamen Teile namens Hämorrhoiden. Fast jede Frau hat sie, aber keine spricht darüber! Liegt vielleicht daran, dass Themen wie Anus (deutsch: Arschloch) oder auch Analverkehr (deutsch: Arschlochfick) generell eher selten oder nur im alkoholisierten Zustand (deutsch: Suff) angesprochen werden. Hämorrhoiden, oder auch Hämorriden, (wörtlich übersetzt: „Blut rein fließen" oder „blinde Adern") sind kleine Polster der Gefäße, die ringförmig unter der Schleimhaut des Enddarmes angelegt sind und dem Verschluss des Afters dienen. Hört man doch mal irgendwo das Wort Hämorrhoiden, sind damit meist Gefäße gemeint, die Beschwerden wie Nässe, Blutungen, Juckreiz oder Schmerz verursachen.

Historiker vermuten, dass selbst Napoleon Bonaparte unter schmerzenden Hämorrhoiden litt. Es gilt sogar als wahrscheinlich, dass er deshalb die bedeutende Schlacht bei Waterloo am 18. Juni 1815 verloren hat. Nach nächtelangem Schlafentzug durch die Schmerzen und der Einnahme von Opiumtropfen am Tag der Schlacht, war sein Geschick als Feldherr nicht nur massiv beeinflusst, er konnte sich auch vor lauter Pein nicht mehr auf dem Feld halten. Tja, soviel also dazu!

Um nun Rücksicht auf all jene zu nehmen, die gerade darüber nachdenken, dieses Buch vor Scham zu verbrennen, nennen wir diese beschaulichen kleinen Auswüchse am Hintern einfach Quarkbällchen!
Einverstanden? Na, dann kann's ja losgehen!

Auch weniger bekannte Frauen und Männer müssen so manche Schlacht mit Hämorrhoiden schlagen, und wie oben schon angedeutet, passiert es rund 98% der Frauen, dass sie während der Schwangerschaft schmerzende oder juckende Quarkbällchen bekommen. Falls sie diese nicht schon vorher hatten. Begleiterscheinungen sind wie oben beschrieben Juckreiz und Schmerz. Manche Lebensmittel sollen diese sogar noch begünstigen. Laut Aussage vieler Frauen sind die quälenden Symptome aber nicht 24/7 vorhanden. Das Quarkbällchen hat also Ruhephasen (wer kann es ihm verübeln, jeder braucht mal ne Pause).

Man unterscheidet zwischen inneren und äußeren Quarkbällchen, wobei die außenliegenden für Frauen meist deutlich unangenehmer sind. Nicht etwa wegen den Schmerzen, sondern weil sie sich vor allem beim Sex dafür schämen. Glaubt man allerdings 99% der Frauen, ist Analverkehr ein absolutes "Ne, ne, ne...da kommt mir nix rein." Warum also schämen sich so viele Frauen wegen ihrer Quarkbällchen? Es wird ein Geheimnis bleiben.

[FAKT]
Wie kommt es, dass Quarkbällchen vermehrt in der Schwangerschaft auftreten? Das passiert, weil das Kind enormen Druck auf den Unterleib ausübt! Unser Becken hat in dieser Zeit den schwersten Job. Durch den ganzen Druck kommt es zu Ausstülpungen, die wir nun umgangssprachlich als Quarkbällchen bezeichnen (den Gedanken an lecker mit Zucker bestreutes Gebäck klammer ich mal ein... äh aus).
Präventivmaßnahmen gibt es keine. Um allerdings die Auswüchse nicht zu begünstigen oder bei vorhandenen Quark-

bällchen die Schmerzen beim großen Geschäft etwas zu minimieren, sollte man nicht "drücken", sondern die Ausscheidungen beim Ausatmen hinausgleiten lassen.

Auch der Griff zu einer Salbe kann akute Schmerzen lindern. Oder aber man führt sich einen in schwarzem Tee getränkten Tampon hinten ein. Aber bitte lauwarm! Einfach ein bisschen Creme oder Öl darauf, damit es besser flutscht, und dann rein mit dem Ding!

In den meisten Fällen verschwinden die Quarkbällchen nach der Geburt von alleine. In einigen Fällen ist aber eine Arsch-OP unumgänglich. (Sorry Leute, aber ein schöneres Wort gibt es dafür nicht.) Danach ist aber alles wieder tiptop in Ordnung – zumindest dann, wenn alles gut verheilt ist. Doch egal ob po(o)periert oder nicht, für Quarkbällchen muss man sich absolut nicht schämen, vor allem nicht vor Männern! Habt ihr schon mal die behaarte Arschritze von einem Kerl gesehen? Dagegen sind Quarkbällchen noch schön! Und wie war das mit Napoleon...?!

Außerdem gilt hierbei wie auch bei allen anderen Dingen, die den weiblichen Körper während der Schwangerschaft verändern: Mann hat´s einfach nicht zu stören. Immerhin ist der Braten in der Röhre nicht beim Daümchendrehen an der Wursttheke entstanden; wobei die Wurst hier ja doch eine sehr zentrale Rolle spielt.

Das Kind beim Namen nennen

Auch die Namenswahl fällt meistens nicht beim Däumchen-drehen. Hier machen einige Paare einen knochenharten Job und zerbrechen sich oft Monate vor der Geburt den Kopf über die richtige Namensgebung. Man könnte natürlich auch einfach alle Namen, die einem gefallen, wild aneinander rei-hen – so ala Marie-Christin Marina Susanne. So hat man später, wenn das Kind einmal Mist gebaut hat, wenigstens schon ein natürliches Stimmungsbarometer eingebaut. Wird der Spross also bei seinem vollen Namen gerufen, weiß er genau, dass es wohl besser wäre, sich direkt zu verpieseln – mit all den sieben Sachen, die ein Kind eben so besitzt: Schnuller, Ersatzschnuller, Kuscheltier, Ersatzkuscheltier, Windeln, Ersatzwindeln und Stiefel mit Stahlnägeln unter der Sohle, um kräftig auf den Nerven der Eltern herum zu trampeln... zu der neusten Kinderlieder-Playlist oder so.
So wichtig wie die Anzahl ist auch der Name an sich. Kevin und Chantal sind vermutlich eine sehr gute Wahl, wenn man seinem Kind eine Zukunft im Medienbusiness wünscht. Wer es noch professioneller möchte, kloppt noch einen zweiten Namen hinten drauf. Wie wäre es also mit einer Chantal Penélopé oder einem Kevin Justin? Das klingt doch schon nach purem Erfolg und großem Geldsegen. Rein statistisch ist es aber leider so, dass Kinder mit solch exotischen Namen von Fachpersonal wie Lehrern und Drogenberatern nicht sehr ernst genommen werden. Völlig unverständlich bei solch wunderschönen und unbelasteten Namen. Würde ich jemals einen Nacktmull bekommen, stünden Chantal und Kevin ganz oben auf meiner Namensliste. Auf jeden!

Ab ins Becken

Etwa vier bis sechs Wochen vor der Geburt gehen die
Übungswehen in die Senkwehen über. Diese unregelmäßi-
gen Wehen, zwischen denen sogar Tage liegen können, werden ähnlich wie die Probewehen von jeder Frau anders
wahrgenommen. Mit ihnen wird das Kind ins Becken
geschoben, und der Bauch senkt sich. Wer vorher beim
Treppenlaufen vor Luftmangel nur so vor sich hin gejapst
hat, wird jetzt beim Müllrausbringen wieder genug Luft
bekommen, um unbeschadet wieder oben in der Wohnung
im dritten Stock anzukommen. Das sind doch erst einmal
gute Nachrichten, oder?
Genau wie bei den Übungswehen sollte Frau gut darauf
Acht geben, in welchen Zeitabständen sie den Körper über-
kommen. Wer den Verdacht hat, dass es sich um Geburtswehen handelt, sollte sich in die Badewanne legen. Durch das
warme Wasser soll sich der Bauch entspannen, und die
Senkwehen flachen ab. Geht es in der Wanne aber richtig ab,
und die Wehen häufen sich, sollte man das Ganze abklären
lassen.

Der achte Schwangerschaftsmonat

Der kleine Mensch ist nun circa 42,4 cm groß und wiegt
etwa 1,7 kg. Dies entspricht einer Rohrzange.

Trimm-dich-Pfade

Die Frau, die jetzt noch ihre Vagina sieht, kann sich glücklich schätzen. Bei den meisten Schwangeren verschwindet die Weiblichkeit spätestens ab jetzt hinter einer riesigen Fleischkugel. Da die Geburt aber nicht mehr so weit weg ist, stellen sich viele Frauen die Frage, wie es wohl um die Zukunft ihrer Intimrasur steht. Zur Niederkunft rasieren, oder den gepflegten Busch einfach stehen lassen und mit Stolz tragen? Schwere Entscheidung, immerhin werden sich in circa acht Wochen einige Menschen um die geburtsbereite Vagina versammeln und sie anstarren, als handele es sich um das dressierte Äffchen von Justin Bieber. Wer sich also dazu entscheidet, den Urwald vorher noch abzuholzen, steht vor einer weiteren Herausforderung – der Rasur. Wie soll man einen eh schon schwer zu rasierenden Bereich von Haaren befreien, wenn man jetzt zu allem Überfluss einfach gar nichts mehr sieht?

Viele Möglichkeiten gibt es da in der Tat nicht. Entweder du bist so routiniert, dass du blind mit der Klinge zwischen deinen Beinen hantieren kannst, oder aber du musst auf einige kleine Tipps zurück greifen. Wenn der werdende Vater sich jetzt schon einen Sympathie-Schwangerschaftsbauch zugelegt hat, geht das natürlich auch synchron und/oder mit abwechselnder Hilfestellung.

So geht's ohne Blessur zur Schur:

1. Lege dich breitbeinig vor einen großen Spiegel und beginne dich vorsichtig zu rasieren. Aber Achtung! Denk

daran, dass alles nun spiegelverkehrt zu sehen ist. Wir möchten ja, dass zumindest bis zur Geburt alles noch heile bleibt. Sorge zudem für ausreichende Beleuchtung. Ein Spiegel mit eingebautem Licht hat sich in solchen Situationen schon immer bewährt. Eine geschickt drapierte Taschenlampe kann auch hilfreich sein.

2. Lass dich von deinem Partner oder geschultem Fachpersonal rasieren. Aufkommende Schamgefühle sind völlig normal, können aber ignoriert werden. Was muss, das muss!

3. Verwende eine Enthaarungsmethode ganz ohne Klinge, die dir den Kitzler oder sonstige empfindliche Regionen wegsäbeln könnte. Zur Wahl stehen z.B. Epilierer, Kaltwachsstreifen und Enthaarungscreme. Wäge alle Pros und Kontras ab, und wenn du dir sicher bist, tu das, was jede Frau tun würde: Zieh es durch, ALTE(R)!

4. Ist dir das alles zu heikel, schnapp dir dein bestes Make Up und reibe dein Schamhaar täglich damit ein. Hierbei musst du nur darauf achten, dass auch wirklich dein vaginaler Hautton getroffen wird, denn du weißt ja: Während der Schwangerschaft wird durch Hormone und gesteigerte Durchblutung alles ein wenig dunkler. Stehst du also in der Drogerie und bist unsicher, welcher Hautton am besten passt, frage einfach das Personal. Das ist für solche Fälle ausgebildet und hat immer einen passenden Rat. Und vielleicht einen fragenden Blick. Aber dank dieser Prozedur können sich deine Härchen optimal tarnen und fallen unter der Geburt nicht mehr auf. Expertentipp on fleek!

Voll fürn Arsch

Hat Frau schließlich den passenden Enthaarungsweg für sich gefunden, steht der Geburt zumindest optisch nichts mehr im Wege.

Und wo wir gerade beim Thema sind: Viele Wege sollst du gehen... und zwar zum Pisspott!

Das Ungeborene wächst eifrig und drückt dir deshalb ordentlich auf die Blase. Dachtest du vor der Schwangerschaft schon, dass du viel zu oft zum Klo gerannt bist, wirst du jetzt eines besseren belehrt. Du musst fast viertelstündlich und kommst auch nachts vor lauter Harndrang nicht in den Schlaf. Wie man überhaupt mit der großen Kugel gemütlich im Bett liegt und schlummert, ist eine Frage für sich. Und wie man damit wieder rauskommt sowieso. Jede Nacht das gleiche Abenteuer! Der Partner sollte also während der letzten Wochen auf die Couch umziehen, um genügend Schlaf zu bekommen. Immerhin benötigt er für den kräftezehrenden Akt der Geburt und die Wochen danach auch seine Reserven, von denen er zehren kann. Frau hingegen steckt sich den ganzen Schlafmangel einfach so in die Tasche und gönnt sich eine Pause, wenn es passt. Vor der Waschmaschine zum Beispiel, wenn man gedacht hat, sie wäre schon fertig, sie aber doch noch fünf Minuten läuft. Natürlich wird genau diese Pause im Stehen absolviert, und das ist auch besser so. Das ganze Sitzen und der auf das Becken drückende Fötus fördert nämlich ein weiteres Abfallprodukt: verstopfte Poren an den Hinterbacken – umgangssprachlich auch liebevoll "Arschpickel" genannt.

Aber fangen wir etwas weiter vorne an. Was ist eigentlich ein

Pickel? Da beliebte Online-Nachschlagewerke einen so langen Text ausspucken, dass man beim Lesen schon Pickel bekommt, biete ich gerne eine Zusammenfassung: Ein Pickel ist etwas Blödes aber völlig Natürliches, vor allem während der Trächtigkeit. Oft ein entzündetes Haarfollikel oder eine Talgdrüse, manchmal ein eingewachsenes Haar und selten die Reaktion auf besonders dumme Menschen. Das Verhängnisvolle ist eigentlich nicht das Auftreten des Pickels selbst, sondern die Art, wie man mit ihm umgeht.

Im Gesicht ist es eine ganz klare Kiste: Ausdrücken, wenn nötig, Anti-Pickel-Zeug drauf, und nach wenigen Tagen hat sich der leidige Mitbewohner zurückgezogen. Aber was machen wir mit Pickeln am Podex? Rein statistisch gesehen hat ein Hinterbackenpickel eine viel höhere Lebensdauer als ein Gesichtspickel. Logisch! Fast kein Körperteil unterliegt so viel Reibung wie unser knackiges Fahrgestell. Bei jedem Schritt, jedem Hinsetzen oder Aufstehen entstehen Druck und Reibung, die eine schnelle Heilung verhindern. Im Gegenteil – in den meisten Fällen wird aus einer kleinen Entzündung des Haarfollikels ein großer Eiterpickel. Und schon stehen wir vor der nächsten Herausforderung: Wie sollen wir bitteschön dieses Drecksvieh ausdrücken?

Selbst wenn man mit beiden Händen an den Übeltäter herankommt, um beidseitig durch gleichmäßigen Druck den Eiter aus der Pore zu drücken, fehlt doch etwas ganz Entscheidendes: der Blick dafür. Man sieht da einfach nicht hin! Möchte man also niemanden um Hilfe bitten, bleibt es ein blindes Unterfangen, das allzu oft wie in einem Teufelskreis dazu führt, dass man nicht alle Eiterrückstände entfernt und sich erneut etwas ansammeln kann. Solange sich dieses gelbliche Zeug in der Pore befindet, ist es ein Entzündungsherd, und eine Heilung ist nicht in Sicht. Was im Klartext heißt, dass dir der Arschpickel noch ziemlich lange Ärger machen wird! Ein Übel, das Frau in dieser Zeit nicht auch noch braucht. Wobei auch die Herren der Schöpfung diese kleinen Biester kennen – und zwar vom eigenen Podex. Was also tun? Damen und Herren, aufgepasst, nun geht es den Popopickeln an die Poren.

Grundsätzlich bleiben dir nicht viele Möglichkeiten, wenn du schnell Ruhe an deinen zarten Bäckchen willst. Wo einige schamgestörte Exemplare um Hilfe bitten, ist das für viele absolut keine existierende Option. Da der Eiter aber raus muss, und zwar rückstandslos und schnell, empfiehlt es sich, den Pickel einhändig zu entleeren. Einfach den Übeltäter zwischen Daumen und Zeigefinger legen und enormen Druck ausüben. Der Eiter fließt nun merklich heraus. Wer sich jedoch nicht sicher ist, ob es funktioniert hat, der kann entweder seine Finger nach der gelblichen Flüssigkeit absuchen oder den Hintern in einen Spiegel halten und mit einer grazilen Verrenkung nachsehen, ob die Pore jetzt leer ist. Ich empfehle an dieser Stelle auf jeden Fall eine Wiederholung. Oft gibt es winzige Rückstände, die nur mit mehrfachem Druck an die frische Luft zu befördern sind. Kommt Blut, hat man entweder alles richtig gemacht oder aber alles total falsch! Für Klarheit hilft wieder ein Blick in den Spiegel.

Ab jetzt gilt: Alles im Stehen und unten ohne erledigen! Wie wir jetzt wissen, sollten wir weder Druck noch Reibung entstehen lassen, damit das lästige Ding so schnell wie möglich Vergangenheit ist. War jetzt irgendwie fürn Arsch, oder?

Der neunte Schwangerschaftsmonat

Das Baby ist nun rund 51,2 cm groß bei etwa 3,5 Kilo.
Dies entspricht 3,5 Kilo Keksen. Oder Frikadellen.
Oder Kartoffeln. Oder was auch immer man in Massen
essen könnte.

Vom Schmetterling zur Raupe

Das Ende der Schwangerschaft ist in Sicht, das Ende der makellosen Bauchdecke leider auch. Falls Frau nicht vorher schon aufgerissen ist, wird dies in 85% der Fälle jetzt geschehen. Aber bitte nicht erschrecken. Die lila-bläulichen Risse bekommen nach der Schwangerschaft und der Rückbildung der Haut einen sehr hellen Farbton und fallen nur bei näherer Betrachtung auf. Die verdünnte Hautschicht hat aber einen schönen Nebeneffekt, sie glänzt wie Perlmutt. Ja, ich weiß, für viele nur ein schwacher Trost. Aber ich hab´s ja gesagt: Selbst die teuersten Produkte helfen nicht, wenn man von der Mutti nicht die passenden Gene mitbekommen hat. Ob Frau mit ihren Streifen gut zurecht kommt oder nicht, ist in meinen Augen einfach eine Sache der Einstellung. Der weibliche Körper hat sehr viel geleistet und ein Leben auf die Welt gebracht, da sind so kleine Streifen doch eigentlich Nebensache. Ich verstehe aber auch diejenigen, die sich deshalb ihrer schämen, und kann dazu nur sagen: Ihr seid schön, so wie ihr seid!

Was einige Damen aber mehr stört als die aufkommenden Streifen zum Ende der Schwangerschaft, ist der „Plöppi". Der Plöppi ist ein Bauchnabel, der durch den ganzen Druck auf die Bauchdecke einfach irgendwann nach draußen „plöppt". Da stehst du eines Morgens auf, schaust nichts ahnend an deinem Bäuchlein hinunter, und es guckt jemand ganz frech zurück. Der Plöppi ist an sich weder schlimm noch bedrohlich, aber manchmal etwas lästig. Zum Beispiel unter etwas engerer Kleidung. Er möchte eben im Mittelpunkt stehen. Wer könnte ihm das nach all den Jahren in der Versenkung verübeln? Also ich nicht!

In diesem Zusammenhang melden sich auch zwei andere Kollegen, die sonst nur in der Kälte zum Vorschein kommen: die Brustwarzen. Die gehen ab jetzt auch so richtig steil – und zwar 24/7. In vielen Fällen wird jetzt schon die Milchproduktion angeregt, und es klebt immer mal wieder ein kleiner Tropfen von innen am Schwangerschafts-BH.
Der Körper richtet sich darauf ein, bald ein Kind zur Welt zu bringen. Und da Kinder es ja lustig mögen, darf manche Frau in den letzten Wochen den Entengang üben: Hände in die Seite stemmen, den Oberkörper etwas nach hinten lehnen und jetzt schnaufend einen Fuß vor den anderen schieben. Macht doch richtig Spaß! Unterlegt mit passender Musik könnte das der nächste Sommertanz werden. Ich sehe uns schon auf Malle tanzen. Alle MC Ischias-Muddis, denen der gleichnamige Nerv in den letzten Wochen noch so richtig auf den Keks geht, schieben dabei geschmeidig ihr Becken nach vorne und hoffen, dass ihr künftiger Spross in dieser pseudocoolen Pose niemals freiwillig laufen wird! Wer außerdem noch mit der Symphyse eine lockere Beziehung eingeht, sollte den Beckengurt nicht vergessen. Sicher ist eben sicher, wenn das Schambein eigene Wege geht.

[FAKT]
Im Schnitt nimmt eine Frau während der Schwangerschaft acht bis zehn Kilogramm zu! Das sind umgerechnet zwanzig Gläser Bockwürstchen. Sechs Kilogramm davon befinden sich in der Bauchregion, das muss Frau erst einmal jonglie-

ren lernen. Kein Wunder also, dass sieben von zehn Entchen im letzten Monat damit beginnen, wehenfördernden Tee zu schlürfen. Oder sie probieren andere Mittelchen aus, damit die Geburt sich bloß nicht über den errechneten Termin hinaus verzögert.

Auf die Plätze, fertig, ...

Wenn der errechnete Geburtstermin in greifbarer Nähe oder sogar schon vorüber ist, möchten viele Frauen die Wehen auf natürliche Weise ankurbeln. Schnappsidee? Auf keinen Fall! Aber damit sich Frau schon bald wieder Schnaps einflößen kann (natürlich nicht beim Stillen und so, ihr wisst das ja) gibt es jetzt ein paar kleine Tipps an die Hand, die dabei helfen können, Wehen auszulösen.

1. Sperma und Orgasmus
Klingt etwas versaut? Ist es auch! Die Samenflüssigkeit enthält den Stoff Prostaglandin, der gegen Ende der Schwangerschaft den Gebärmutterhals weich macht (im Rachen nutzt das Sperma also nichts). Dadurch kann er sich besser zurückziehen, und der Muttermund kann sich öffnen. Wer es ganz professionell will, der bekommt zusätzlich auch noch einen Orgasmus und schüttet ganz nebenbei das Kuschelhormon Oxytocin aus, welches zu Wehen führen kann. Volle Dröhnung und ab dafür – vielleicht hilft es ja!

2. Zimt
Egal ob täglich im Müsli oder als Öl bei einer Bauchmassage im Dreivierteltakt mit Linksdrehung, Zimt soll Stoffe enthal-

ten, die die Wehen anregen sollen. Aus diesem Grund wird vielen Schwangeren geraten, nichts Zimthaltiges zu essen. Das gilt auch für Lakritze. Meinen Informationen nach ist aber gegen einen geringen Konsum nichts einzuwenden. Geht es dann allerdings dem Ende zu, steht einer Massenvernichtung von Zimt und Lakritze nichts mehr im Wege.

3. Trinken

... aber nicht irgendwas, sondern bestimmte Tees, koffein- und chininhaltige Getränke. Besonders dem Himbeerblättertee sagt man nach, dass er eine stimulierende Wirkung auf die Gebärmutter haben soll. Schwarzer und grüner Tee sind nun auch wieder erlaubt. Wer Tee zum Kotzen findet, kann ansonsten auch Cola, Kaffee oder Tonic Water süffeln, also zum Wohl!

4. Nelkenöltampon

Ja, richtig gehört! Einfach einen Tampon mit verdünntem Nelkenöl tränken und rein damit. Das Nelkenöl soll den Muttermund weich machen und die Muskeln lockern. Aber aufgepasst! Für eine genaue Anleitung fragt lieber in einem Mutti- oder Papiforum nach. Die haben da sicher das passende Rezept am Start. Na ja, oder eben die passenden Argumente dagegen. Genieß einfach den Flow!

5. Der Einlauf

Muss ich an dieser Stelle erklären, was ein Einlauf ist? Ja? Na gut, wenn ich so nett gebeten werde, erläutere ich gerne, was das ist. Bei einem Einlauf wird der Darm manuell geleert. Dies geschieht beispielsweise mit einer kleinen, mit

Wasser gefüllten Apparatur. Die Spitze wird in den Anus eingeführt und das Wasser langsam hinein gedrückt. Nach wenigen Minuten leert sich bei einem Toilettengang der Darm. In den meisten Fällen wird dieser Einlauf von Fachpersonal durchgeführt. Es gibt aber Frauen, die vor ihrem Analsex die geforderte Region ausspülen, indem sie den Duschkopf abschrauben und den Schlauch in ihren Allerwertesten halten. Tja, auch eine Methode. Was bei dieser Art der Entleerung wohl nur dazu dient, den Streithammer im Gefecht sauber zu halten, soll vor der Geburt dabei helfen, die Wehen auszulösen. Wer bereits Erfahrungen mit dem Duschschlauch gesammelt hat, sollte hier trotzdem davon absehen, das Prozedere auf eigene Faust durchzuführen. Wir wollen doch keine Bakterien in der Vagina, oder? Also lieber mal geschulte Hände ranlassen.

Eins ist aber unumstritten: Egal wann und wo das Kind sich ankündigt – jetzt wird gehandelt. Wer die Kliniktasche bis zum jetzigen Zeitpunkt noch nicht gepackt hat, sollte sich beeilen. Es gibt Paare, die verwenden ganze Monate darauf, für diesen Zweck die passende Designertasche auszuwählen... soll ja schließlich toll aussehen, das Ding. Wer da eher auf Funktionalität steht, könnte auch einfach ein paar Jutesäcke aneinander nähen, da passt auch eine Menge rein. Neben der Kliniktasche oder besser gesagt in der Kliniktasche sollte es dann ein Mäppchen mit Papieren geben. Oh ja! Papiere zur Anmeldung des Nachwuchses. Wer auf Nummer sicher geht, hat alle wichtigen Dokumente bis auf das Geburtsdatum des Kindes schon ausgefüllt. Alles unter Dach und Fach ...so wie der Kindergartenplatz. Es kann also eigentlich gar nichts mehr schief gehen, oder?

Frauen entwickeln unter der Geburt einen
ungeahnten Wortschatz –
an Schimpfwörtern!

DIE GEBURT
Entscheidungen und Ausscheidungen

Es gibt zwei Arten von Menschen:
Jene, die in die Dusche pinkeln und Lügner!

...LOOOOOS!

Die Geburt, auch Entbindung oder Niederkunft genannt, bildet das Ende der Schwangerschaft. Nur rund 4% aller Kinder werden tatsächlich an ihrem errechneten Entbindungstermin geboren. Der Rest kommt jeweils bis zu zwei Wochen vor oder nach dem errechneten Termin zur Welt. Wie ein Kind schlüpft, liegt an vielen verschiedenen Aspekten und Voraussetzungen, die meistens schon vorher im Gespräch mit dem Arzt geklärt werden. Häufig entscheiden sich Paare nämlich schon vorweg, welcher Weg für sie und das Kind am besten ist.

1. Die natürliche Geburt,
(die manchmal auch gar nicht so natürlich, sondern eingeleitet ist.) Egal ob die Wehen plötzlich und von ganz alleine kommen oder ob sie mit verschiedenen Methoden herausgekitzelt werden, das Kind schlüpft auf natürlichem Wege aus dem Geburtskanal und begrüßt die neue Welt durch die Vagina seiner Mutter. Die natürliche Geburt kann sich durch folgende Symptome ankündigen: durch das Platzen der Fruchtblase, leicht blutigen Ausfluss, das Lösen des Schleimpfropfes, Durchfall, Erbrechen oder aber durch das Einsetzen der Eröffnungswehen. Ist die Geburt im Gange, gibt es kein Zurück mehr. Der Muttermund öffnet sich immer weiter, und die Niederkunft steht kurz bevor.

2. Der Kaiserschnitt,
(der bei manchen Komplikationen spontan oder aber auch geplant durchgeführt werden kann.) Hierbei wird ein chirur-

gischer Eingriff vorgenommen und das Kind mit einem Schnitt durch die Bauchdecke der Mutter geholt.

Beide Arten sind schmerzhaft und haben ihre Risiken. An dieser Stelle etwas ganz Persönliches: Dieses doofe Weibergewäsch ala „Das kannst DU ja überhaupt nicht nachvollziehen. DU hattest ja NUR eine/n – hier bitte eine der beiden Geburtsvarianten einfügen" geht mir dezent auf den Sack! Ja, ganz schnurzpiepegal, auf welche Art das Kind geboren wird, sie kann angenehm verlaufen oder aber zum Martyrium für Mutter und Kind werden. Denn, Ladys und Gentleman, jede Geburt ist anders. Sie laufen zwar nach dem gleichen Schema ab, lassen sich aber grundsätzlich nicht vergleichen. Wer schon einmal das Wort Sturzgeburt gehört hat, der weiß, was ich meine. Eine natürliche Geburt kann sich über mehrere Tage hinauszögern oder aber im Laufe weniger Stunden über die Bühne gehen.

Ihr merkt, das Thema Geburt ist eins, das man nicht mal eben so in einem (Un)Ratgeber anschneidet. Wer wirklich realistische und unbeschönigte Schilderungen über diesen Vorgang benötigt, der kann einfach seine Mutter oder Mütter in seinem Umfeld nach einem ausführlichen Geburtsbericht fragen. Wenn du jemanden gefunden hast, der dir seine Geschichte erzählen möchte, bring Zeit und Schokolade mit, das wird ein aufregendes Gespräch.

[FAKT]

Eine wichtige Frage, die mich bei den Recherchen zu diesem Buch begleitet hat, lautet: Was löst eigentlich eine Geburt aus? Forscher waren sich lange nicht einig, welche Auslöser für den Geburtsvorgang tatsächlich verantwortlich sind. Im

Laufe jahrelanger Untersuchungen stellte man fest, dass es zwei Faktoren gibt, die bei diesem Vorgang mitwirken. Zum einen das sogenannte „Surfactant-Protein A". Dieses Eiweiß wird vom Kind produziert und ist für die Lungenreifung zuständig. Es soll durch eine Reihe von Reaktionen die Wehen auslösen. Zum anderen hört das geburtsreife Kind auf, das Schwangerschaftshormon HCG zu bilden. Dieses Hormon unterdrückt im Gehirn der Mutter die Bildung des Wehenhormons Oxytocin. Im Umkehrschluss bedeutet das: fällt das HCG weg, wird Oxytocin ausgeschüttet, und die Wehen beginnen. Spannend!

Da ich selbst mein Kind spontan entbunden habe, werde ich euch an dieser Stelle über die unangenehmen Themen aufklären, die bei dieser Art der Geburt auf den Tisch kommen – Ausscheidungen zum Beispiel. Aber auf die müsst ihr noch ein bisschen warten. Beginnen wir mit der ersten der drei Geburtsstufen, so viel Zeit und Ordnung muss sein.

Die Eröffnungsphase

The Battle Begins

Hat Mutti das Gefühl, die Symptome der herannahenden Geburt richtig zu deuten, geht es auf zum Kreißsaal. Neben den Wehen könnte dies auch der Schleimpfropf sein, der sich durch die Kontraktionen und das leichte Öffnen des Muttermundes von seiner Türsteherposition verabschiedet. Rein optisch erinnert er an einen Klumpen Zervix mit etwas Blut, und genau das ist er auch. Viele Frauen nutzen die Chance und schauen sich das kleine Kerlchen ganz genau an. Ob das wirklich sein muss, sei jedem selbst überlassen, aber so etwas bekommst du so schnell nicht wieder unter die Lupe. Im Kreißsaal gilt dann: lieber einmal zu viel das Höschen für einen ninjamäßigen Muttermundkontrollgriff herunter lassen als einmal zu wenig. Durchschnittlich löst jede Erstgebärende ein- bis zweimal den Fehlalarm aus. Null Problemo! Es ist eben eine neue Situation. Meine Hebamme sagte damals: „Wer noch rätseln muss, ob das Wehen sind, der hat noch keine". Da ist echt was dran. Ein weiterer toller Spruch war: „Muttermund tut Wahrheit kund". Das wäre doch Stoff für ein geiles Shirt, oder? Aber zurück zu unseren Wehen. Wenn dann nach Fehlalarm Nummer eins bis zwei endlich die richtigen Wehen am Start sind, beginnt die Geburt. Ziel der Eröffnungswehen, die nun im Abstand von circa zehn Minuten kommen, ist die Verkürzung des Gebärmutterhalses und das Weiten des Muttermundes. Während der Eröffnungsphase reguliert sich der Wehenrhythmus, und die Zeit zwischen den kleinen Plagegeistern verkürzt sich.

Wenn die Blase platzt

Ist die Fruchtblase noch nicht geplatzt, kann es sein, dass die Hebamme hier nachhilft, um die Geburt etwas anzutreiben. An dieser Stelle sei angemerkt: keine Panik auf der Titanic! „Der Gerät" zum Öffnen der kleinen Membran erinnert an Omis Häkelnadel, und im besten Fall merkt man von diesem kleinen Eingriff nur, dass plötzlich das Fruchtwasser herausströmt. Es klingt also viel dramatischer als es eigentlich ist. Und wo wir gerade bei Dramatik sind: Nein! Fruchtwasser ist nicht mit Urin zu vergleichen, es klebt nämlich wie Hulle. Manche Frau soll ja bei einer geplatzten Fruchtblase gedacht haben, sie hätte einfach ihr Pipi nicht mehr halten können, aber glaubt mir: Im Falle eines Falles werdet ihr den Unterschied erkennen. Viel unangenehmer hingegen ist das sich lösende Gewebe. Wer während der Eröffnungsphase die Zeit nutzt, um in der warmen Badewanne etwas zu relaxen, der wird nach jeder Wehe feststellen, dass etwas Gewebe austritt. Mich hat dieser Anblick ein wenig an die Monatsblutung erinnert.

Was sich noch so entleeren kann

Ja, ich weiß, unangenehmer geht es in der Themenwahl wohl kaum, aber es ist doch so: Wenn euch bisher noch keiner darüber unterrichtet hat, dann mach ich das eben.
Also stimmt es, dass Frauen unter der Geburt damit rechnen müssen, dass sich ihr Darm ungewollt entleert?
Ich wäre nicht ich, wenn ich darauf keine Antwort geben würde. Und du hättest dieses Buch nicht bis hier hin gelesen,

wenn du nicht mit der knallharten Wahrheit leben könntest. Die Antwort lautet: Ja! Genau das passiert einigen Frauen.

Die Sache mit der Kacke und dem Schamgefühl beschäftigt viele Schwangere schon sehr lange vor der Geburt. Einige haben vor der möglichen Pein viel mehr Angst als vor der Geburt an sich. Verständlich, aber nicht gerechtfertigt! Fakt ist: Damit das Kind bei einer natürlichen Geburt durch den Geburtskanal rutschen kann, muss der Darm leer sein. Warum? Damit das Köpfchen genug Platz hat, durch die schmale Öffnung im Becken zu kommen. In den meisten Fällen erledigt sich das vor dem Einsetzen der Presswehen von alleine. Viele Frauen reagieren mit heftigem Durchfall auf die starken Schmerzen und ersparen sich so eine ungewollte Entleerung auf dem Geburtsstuhl. Andere Frauen bitten sogar um einen Einlauf. Für den Rest heißt dies, dass sich ihr Darm durch den Druck des Köpfchens während der Geburt leert. Klingt komisch, ist aber so! Wer also bis zu diesem Zeitpunkt noch keine Entscheidung wegen der Ausscheidung getroffen hat, sollte sich beeilen.

Doch nicht nur der Darm muss leer sein, um dem Kind genug Platz zu lassen, auch die Blase wird von ihrem Inhalt befreit. Wenn das beim Gang zur Toilette nicht vollständig geklappt hat, dann geschieht das meist mit einem kleinen Katheter, der von der Hebamme angesetzt wird. Diesen Vorgang spürt man kaum. Und auch die automatische Entleerung des Darmes geht unter der Geburt unbemerkt vonstatten, wenngleich sich das Pressen so anfühlt, als würde man seine gesamten Gedärme auskoten! Die Hebammen und Ärzte sehen so etwas mehrmals am Tag und gehen mit solchen Situationen sehr professionell um. Kackwürste,

Quarkbällchen und Pickel am Po sind für die Leute auf der Geburtsstation das täglich Brot. Viele Geburtshelfer haben automatisch ein "Wisch und Weg"-Tuch zur Hand, wenn es in die heiße Phase geht. Der austretende Stuhl wird schon beim Öffnen der Rosette aufgefangen und entfernt, sodass die Horrorvorstellung "mit Kacke verschmiertes Kind" reine Phantasie bleibt.

Auf jeden Fall braucht man sich für die spontane Darmentleerung während der Geburt nicht zu schämen. Es ist ganz natürlich, und die Anwesenden sind so routiniert, dass diese Vorkommnisse schon gar nicht mehr wahrgenommen werden. Auch die Begleitpersonen im Kreißsaal bekommen durch das schnelle Eingreifen der Geburtshelfer in den meisten Fällen nichts mit! Ihr müsst euch also keine Gedanken darum machen, dass eure Geburtsbegleitung nach diesem Erlebnis traumatisiert sein könnte. Falls doch ein kleiner Kackekrümel von eurer Begleitung gesichtet wird, ist das spätestens nach der Geburt eures Kindes absolut kein Thema mehr! Es sei denn, er ist schöner als euer Kind! Aber das ist meistens nicht der Fall... Ihr könnt, was das angeht, eurer Niederkunft also entspannt entgegen sehen. Easy, oder?

Wo die Kacke am Dampfen ist...

...sollte man nicht zu schamhaft sein. Was muss, das muss!

Maßstab 1:???

Die Übergangsphase

Schluss mit lustig

Als Übergangsphase bezeichnet man das letzte Drittel der Eröffnungsphase. In dieser Phase steigt die Häufigkeit, die Intensität und auch der Schmerz der Wehen an. Der Kopf des Kindes dreht sich in das Becken der Mutter hinein, und ja, ohne euch etwas vorzumachen, das ist genau so schmerzhaft wie es klingt. An dieser Stelle habe ich eine gute und eine schlechte Nachricht. Die gute Nachricht: Ist das Kind mal im Becken, ist das meiste schon geschafft. Die schlechte: Das Schmerzlevel sinkt noch lange nicht. Und das hört man der gebärenden Frau meistens auch an.

Die Geburtsakustik

Hier kommen wir zu einem sehr beliebten und durchaus vielseitigen Thema. Der Wehenschmerz prasselt nämlich so immens auf den Körper ein, dass so manche Frau ihm durch lautes Brüllen oder anderen Mundzirkus Ausdruck verleihen muss. Was tatsächlich hilft, den erlebten Schmerz zu lindern, kann für alle anderen Beteiligten zur großen Kinonummer werden. Schade nur, dass es im Kreißsaal kein fett gezuckertes Popcorn und auch keinen Zapfhahn für kostenlose Cola gibt. Dann wäre das Erlebnis für alle Anwesenden ein großer Hit. Zumindest für jene, die gerade nicht mit Wehen und ihren Begleiterscheinungen zu kämpfen haben.

Folgende Soundeffekte liegen bei werdenden Müttern total im Trend:

1.Wegatmen
Wer in einem Geburtsvorbereitungskurs war, der wird wahrscheinlich den Tipp an die Hand bekommen haben, dass gezieltes Ausatmen zumindest den Schmerz etwas erträglicher macht. Hier gilt: Ob leise oder laut, mit oder ohne bösen Blick in Richtung Kindsverursacher, den Ausatme-Methoden sind kaum Grenzen gesetzt (wie man weiter unten noch erkennen wird) – Hauptsache raus mit der Luft. Und dem Frust. Und überhaupt!

2.Singen
Ja, ihr habt richtig gehört: Singen! Hier ist jedoch nicht das Aufjaulen des trächtigen Muttertiers gemeint – und es verlangt auch keiner von der werdenden Mutti, in schönsten Tonlagen das Hallelujah zu schmettern. Nein, es gibt tatsächlich eine Technik, die der Frau helfen soll, durch Ausstoßen verschiedener Töne die Wehen besser zu überstehen. Diese Technik soll dabei unterstützen, in der eigenen Mitte zu bleiben und die fiesen Wehen wegzuschmettern. Wer hier an Walgesang denkt, dem sei gesagt: Das ist schwieriger als man glauben mag und muss tatsächlich vorher ordentlich geübt werden.

3. Brüllen!
Seinen Schmerz einfach hinaus zu schreien, fällt zum Glück nicht unter das Gesetz der Lärmbelästigung. Wäre das nämlich der Fall, würde so manche Frau ihr Wochenbett wohl im

Knast verbringen. Aber, und das sei an dieser Stelle eindringlich gesagt: diese Variante ist wohl mit die natürlichste und gesündeste. Zumindest für die Mutter und das Kind – die Ohren der anderen Beteiligten interessieren in diesem Punkt mal nicht.

5. Schimpfen und Beschimpfen!

Unter Insidern weiß man schon lange: die besten Schimpfwörter findest du nicht auf dem Schulhof, sondern da, wo eine Frau gerade in den Wehen liegt. Ja, es kann schon mal passieren, dass Frau in einem solch schmerzgeplagten Moment nicht gerade gut auf die Anwesenden zu sprechen ist. Nicht selten folgt auf die Frage „Kann ich dir helfen, mein Schatz?" ein „Halt die Schnauze, du Pisspimmel, du bist doch Schuld an der ganzen Drecks-Scheiß-Piss-Ficke". Nett, oder? Für den Mann oder die Geburtsbegleitung heißt es daher: Willst du eine Frau unter der Geburt ansprechen, tu dies erst, wenn die Wehe vorbei ist. In den meisten Fällen bekommt man dann nämlich doch noch eine gesellschaftlich konforme Antwort.

6. In sich hinein grummeln

Lippen aufeinander pressen, Augen schließen und den Schmerz in sich hinein schreien. Das ist meist leiser als die vorangegangen Punkte, erinnert aber an einen Formel-1-Wagen, der mit angezogener Handbremse durch die Kurve donnert. Und ist viel weniger amüsant.

In erster Linie gilt also immer: Nicht ansprechen! Und in vielen Fällen sogar: Nicht anfassen! Das ist so, als hättest du neun Monate ein neues Spiel auf der Playstation gezockt, und kaum bist du beim Endgegner angekommen und setzt zum letzten Schlag an, klingelt der Pizzabote und bringt dich vollkommen aus dem Konzept. Das kann einen schon mal zur Weißglut bringen, oder? Wen das Beispiel mit der Playstation gerade nicht anspricht, für den sei folgendes Szenario beigefügt: Stell dir vor, du angelst seit neun Monaten jeden Tag am gleichen Teich, um den einen Fisch der Fische zu fangen. Kaum siehst du unter der Wasseroberfläche, wie sich dieser Brocken deiner Angel nähert, wirft jemand einen Stein ins Wasser und verschreckt das Tier. Aus die Maus! Mit diesem Angler ist nicht mehr zu spaßen, genau so wenig wie mit einer Frau, die gerade in den Wehen liegt. Es ist Vorsicht geboten!

Halten wir also folgende Regeln fest, damit keine der Begleitpersonen oder des anwesenden Personals im Kreißsaal ernsthaft verletzt werden:

Die werdende Mutter während einer Wehe
- nicht ansprechen
- nicht berühren (es sei denn, sie bittet darum)
- nicht anstarren
- und nicht füttern!

Wer die Geburt noch vor sich hat und in diesem Moment vor der Frage steht, wie dieser Schmerz auszuhalten ist, dem sei gesagt: Endorphine! Was ein bisschen wie der große Bruder von Delphin aus Mittelerde klingt, ist ein körpereigener Stoff, der die Schmerzen lindert und dabei hilft, die Leistung aufrecht zu erhalten. Cooler Typ, dieses Endorphin, oder?

Oh Endorphin, oh Endorphin,
wo ging ich nur ohne dich hin.
Vermutlich würd ich's gar nicht checken,
und unter diesem Schmerz verrecken.
Aber Du bist für mich da,
und ich schreie laut Hurra!
Bist einfach der geilste hier im Laden,
lässt ihn mich ertragen, den Vaginaschaden.
Danke, da du mir hilfst beim Pressen,
das werd ich dir nie vergessen.
Und ist der Spuk dann auch vorbei,
gehst du ohne viel Geschrei.
Machst dich auf zur nächsten Frau,
und inspiziert den nächsten Bau...
Du coole Sau!

Die Austreibungsphase

Die „Muttation"

Die Austreibungsphase beginnt, wenn der Muttermund vollständig geöffnet ist. Vollständig bedeutet in diesem Fall, dass der Mumu (Verwirrt? Oder im ersten Kapitel was gelernt?) bis zu zehn Zentimeter geweitet ist. Der Kopf des Sprösslings rutscht noch ein wenig tiefer ins Becken und drückt auf den mütterlichen Darm. Durch diesen Druck hat die Frau das Bedürfnis zu pressen, und es kommt zu den bekannten Presswehen. Ich kenne einige Frauen, die diese Wehen wie folgt beschreiben: „Es fühlt sich so an, als müsste man einen großen Haufen machen!". An dieser Stelle heißt es also: GIB IHM! HAU IHN RAUS oder aber TSCHAKAAA, DU SCHAFFST DAS! Mir hätte wohl damals ein Cheerleader-Team mit Pom Poms und toller Hymne sehr geholfen, mein Kind auf die Welt zu bringen. Aber leider ist die Anzahl der Begleitpersonen ja begrenzt. Oder sagen wir zum Glück? Ansonsten hätte Frau vermutlich die halbe Familie um ihre nach außen gestülpte Vagina versammelt. Das hätte dann wohl die selben Auswirkungen wie ein Unfall – man will nicht hinsehen, aber man muss! Wobei es ja im Rahmen von Hausgeburten durchaus en vogue sein soll, eine Schar an hochmotivierten und spannungsgeladenen Gästen mit dabei zu haben. Ob die nun tatsächlich am Ort des Geschehens mitfiebern oder doch lieber im Wohnzimmer oder beim Barbecue im Garten warten, ist wohl reine Geschmacks- und vielleicht auch Nervensache. Ob und wie viel überhaupt zu sehen ist, kommt ja dann auch immer darauf an, auf welche Weise Frau das Kindchen zur Welt bringt. Vermutlich gibt es unendlich viele Haltungen, und jede Frau muss natürlich für sich die passende finden. Ein paar von ihnen möchte ich euch hier benennen.

Die üblichste unter den üblichen Haltungen ist wohl der „hilflose Käfer". In dieser Position liegt die werdende Mutter wie ein trächtiger Hirschkäfer auf dem Rücken, alle Viere von sich gestreckt, und presst das kleine Menschlein heraus.

Eine weitere Möglichkeit ist der „scheißende Hund". Hier hockt die Frau sich weit nach unten und gebärt das Kind im Sitzen. Die Arme können dabei auf der Bettkante verschränkt werden, oder es kann das sogenannte Geburtsseil verwendet werden. Der Job dieses Seils ist ganz einfach – dumm von der Decke herunterhängen und standhalten, wenn das werdende Muttertier mit aller Kraft daran zieht.

Es soll Kinder geben, die in der Stellung „Straßenlaterne" auf die Welt kommen. Bei dieser Variante handelt es sich um eine stehende Position mit etwas angewinkelten Beinen. Wer sich in dieser Phase nicht an seinem Partner festhalten möchte, kann sich an Türknäufen, Stuhllehnen oder Bettgestellen festhalten. Es ist zwar so gut wie alles erlaubt, wichtig ist aber hierbei, auf den Rat der Hebamme zu hören – auch wenn man unter der Geburt eher wie ein rebellischer Teenager mit einer „Ach fick dich doch"-Einstellung agiert. Das Personal vor Ort hat eben die besten Tipps, um gewisse Dinge in die richtige Bahn zu lenken oder zu vermeiden.

Wenn Dämme reißen

Die letzte Stunde einer Geburt ist die Entscheidende. Kommt es zu kleineren Komplikationen, oder die Hebamme stellt fest, dass das Köpfchen des Kindes zu groß ist, wird ein Arzt zu Rate gezogen. Das ist dann meistens der Moment, in dem es dem eh schon gestressten Muttertier auch noch den Angstschweiß auf die Stirn treibt. Denn es ist so: Dammriss und Dammschnitt geistern in Mutti- und Vattiforen rum wie besoffene Trolle. Sie säen Unbehagen, und beim bloßen Gedanken daran können sie schnell zu einem ziemlich lästigen Zeitgenossen werden. Genau so ist es beim berüchtigten Dammriss. Doch so Trolle halten sich ja nicht gerne an Einladungen. Nein, die kommen einfach dann, wenn sie es für richtig halten. Ob die teuren Tees und Sitzbäder als Gewebeweichmacher was taugen, sei an dieser Stelle mal in Frage gestellt. Gegen Internettrolle helfen sie auf keinen Fall. Aber wie dem auch sei, was muss, das muss. Und so gibt es bei vielen Geburten einen Dammschnitt oder ein kontrolliertes Einreißen der dünnen Dammwand. Ich sehe gerade die ganzen schmerzverzogenen Gesichter vor diesem Buch, aber ich kann euch beruhigen. Am Ende bekommt man gar nicht viel davon mit. Es ist wohl eher die Vorstellung, die wirklich schmerzt. Der Rest ist im Gegensatz zum Wehenschmerz, durch den sich die Frau wie She-Hulk boxen muss, echt nur Pippifax. Ihr könnt also aufatmen und weiterhin die Nüsschen snacken, die neben euch auf dem Tisch liegen ...oder vielleicht doch Gürkchen mit Nutella?

Steht der Geburt nun nichts mehr im Wege, ist es jetzt also an der Frau, ihren Nachwuchs hinaus zu geleiten. In einigen Fällen, und so war es auch bei mir, kann durch das Pressen alleine nicht genügend Druck aufgebaut werden, und es bedarf ein wenig Hilfe. Arzt, Hebamme oder Doula stützt sich während einer Presswehe auf den Bauch und hilft dabei, das Kind ein wenig weiter nach unten zu drücken.

Ja, es gibt noch andere Komplikationen, wie eine Steißgeburt oder die Nabelschnur, die den Weg versperrt. Da kann ich euch an dieser Stelle nur raten: Lasst die Geburt auf euch zukommen. Stundenlanges Googeln und Stöbern in Elternforen bringt euch nur sehr bedingt weiter, schürt Ängste und macht euch bloß gaga. Und gibt es nicht genug Lady Gaga auf diesem Planeten? Die Ärzte und Hebammen vor Ort sind geschult und vorbereitet. Vertraut ihnen und versucht, so ruhig und besonnen wie möglich mit dieser neuen Situation umzugehen.

Ist das Kind da, und es gibt keine weiteren Komplikationen, beginnt in den meisten Fällen das sehr wichtige Bonding. Das Kind wird einfach auf den Bauch der Mutter gelegt, und beide können sich entspannen. Dies ist auch der Moment, in dem der Säugling das erste mal die Brust sucht.

Was die Nabelschnur angeht, gibt es ja im Moment viele Varianten. Die einen trennen die Nabelschnur sofort, die anderen, wenn die Nachgeburt den Weg an die frische Luft geschafft hat. Oder das Ding bleibt so lange dran, bis die Nachgeburt in einem kleinen Beutel mit dem Verwesungsprozess beginnt. Das ist dann wohl Geschmackssache – oder so ähnlich. Wird die Nabelschnur aber durchgeschnitten, übernimmt das meistens die Geburtsbegleitung ...sofern diese noch imstande dazu ist und nicht selbst medizinische Hilfe benötigt. Der ein oder andere werdende Vater soll ja praktischerweise einfach an Ort und Stelle in Ohnmacht gefallen sein. Mutmaßungen anzustellen, warum das passiert, bringt uns da aber auch nicht weiter. Denn egal ob Mann den sich bietenden Anblick einfach nicht ertragen kann oder ob er von seinen Gefühlen dermaßen überMannt wird – vermutlich geht ihm nach der ganzen Aufregung, den Beschimpfungen und den schlimmen Schmerzen im Daumen (weil Frau sich unter den Wehen ja irgendwo festkrallen musste) einfach eine Klappe zu, und das stärkere Geschlecht braucht erst mal ein kleines Nickerchen. Kann man machen – so locker-flockig im Kreißsaal. Ist ja nicht so, als würde Mann da im Weg rumliegen. Na ja, sei's drum:

HERZLICHEN GLÜCKWUNSCH, IHR SEID JETZT ELTERN!

Die Nachgeburtsphase

Snack oder Apfelbaum?

Die Nachgeburtsphase, oder auch „Plazentaphase" genannt, ist die letzte Phase, und mit ihr endet die Geburt. Wie der Name schon verrät, wird in diesem Stadium die Plazenta ausgestoßen. Dieser Vorgang kann in wenigen Minuten vorbei sein oder bis zu eine Stunde dauern. Ist die Nachgeburt geschlüpft, wird sie von der Hebamme oder einem anwesenden Arzt überprüft. Wer sich dazu entschieden hat, Nabelschnurblut zu spenden oder einzulagern, kann jetzt dabei zusehen, wie das Blut abgenommen wird. Ist die Plazenta in Ordnung, und die Eltern haben davon abgesehen, sie mit nach Hause zu nehmen (egal ob noch am Kind dran oder in einer Plastikschüssel), landet sie im medizinischen Müll – einfach so. Irgendwie eine merkwürdige Vorstellung, oder?

[FAKT]
Die Plazenta, auch Mutterkuchen genannt, verbindet den Blutkreislauf zwischen Mutter und Kind. Hier werden Nährstoffe und Sauerstoff an das Kind abgegeben und Schadstoffe abgehalten. Klingt wichtig? Ist es auch! Aus diesem Grund gibt es rund um den Globus verschiedene Rituale, um die Plazenta denkwürdig zu feiern. Auf der einen Seite gibt es die Dinge, die jeder schon einmal gehört hat, wie z.B mitnehmen und verspeisen (da wäre dann zum Mittag die Frage: Nusskuchen oder Mutterkuchen?), einen Baum drauf pflanzen oder am Kind lassen bis nur noch eine kleine Rosine übrig ist. Wer kreativ ist, kann mit der noch

blutigen Plazenta aber auch ein Kunstwerk erschaffen und diese kurz auf ein Blatt Papier legen. Dieser sogenannte Plazenta-Abdruck kann aber auch mit Farbe gemacht werden – für alle, denen rot/braun vielleicht etwas zu trist ist. Die Plazenta wird hierbei einfach in der Lieblingsfarbe angestrichen und dann auf dem Papier der Wahl verewigt. Unkomplizierter ist da ein Ritual aus dem Jemen. Hier wird die Plazenta einfach für die Vögel aufs Dach gelegt. Ist auch ne Methode!

Das Glück ist eine Fontanelle

Aber kommen wir zurück zum Neugeborenen, dem vermutlich ohnmächtigen Vater und der Mutter, die trotz mehr oder weniger zwölf Stunden Wehen nicht glücklicher sein könnte. Wer jetzt trotz Himbeerblättertee, Akupunktur oder sonstigen Mittelchen bis zum Hintern gerissen ist und das Analgeddon erlebt, wird genau in dieser Zeit genäht. Das Gute an der Sache ist, die Hormone machen uns so glückstrunken, dass wir gar nicht bemerken, wie die Nadel in unsere Haut eintritt und der Arzt uns fachmännisch zusammenflickt. Klasse, oder? Stattdessen heißt es kuscheln und die ersten Minuten mit dem Nachwuchs verbringen, ehe sich dieser seiner ersten Untersuchung unterziehen muss. Er wird vermessen, gewogen, darf einen ersten Fuß- oder Handabdruck geben und wird in den meisten Fällen eingekleidet. That's it!
Wenn der Nachwuchs dann zurück in die Arme der Mutter kommt, beginnt das Abenteuer Leben erst richtig.
Warnhinweis: Spätestens jetzt wirst du süchtig nach einem gewissen Geruch – dem Geruch der Babyfontanelle! Das

Gute daran ist, diesen Geruch hast du in der nächsten Zeit immer in deiner Nähe. Das Schlechte daran ist, nach wenigen Wochen vergeht er wieder. Schade! Denn dieser Geruch ist der schönste, den es gibt.

[FAKT]
Nach der Geburt sieht die Frau noch einige Tage – oder sogar Wochen – schwanger aus. Das Gewebe benötigt viel Zeit, um sich zurück zu bilden und wird in den meisten Fällen nie mehr so aussehen wie vor der Geburt. Eine weitere Bescherung, die aber zu einem Großteil den Frauen zuteil wird, die ihr zweites Kind bekommen: Nachwehen! Ja, sie existieren wirklich. Sie treten in den ersten Tagen nach der Geburt auf und können ganz unterschiedlich sein. Grund dieser schmerzhaften Kontraktionen ist, dass die Gebärmutter viel Kraft aufwenden muss, um zu ihrer ursprünglichen Form zurück zu kommen. Tja, von nix kommt eben nix – das weiß auch unsere G-Mutti.

Was sich in den nächsten Tagen ebenso ändert, ist die Klo-Routine der Frau. Oft nur leicht angerissen, meistens verschwiegen, aber trotzdem wichtig ist die Tatsache, dass Frau in den nächsten Tagen ihren persönlichen Horror erleben wird – und zwar auf dem stillen Örtchen. Damit es dich nicht genau so hart und unvorbereitet trifft wie mich, folgt als nächstes ein schöner Erfahrungsbericht. Wer ihn nicht schön findet, dem darf ich sagen: Fand ich auch nicht! Aber ist die Wahrheit immer schön? Nein! Manchmal ist sie ein brennendes Inferno.

Ein Plazenta-Abdruck

„Nun liebes Frauchen, gib fein Acht,
ich bin die Stimme aus dem Höschen.
Ich singe bis der Tag erwacht,
ein greller Schmerz am Firmament.

Meine Vagina brennt!"

DIE LATRINENCHRONIK
Das vaginale Inferno nach der Geburt

das vaginale Inferno, auch „vagina infernale" genannt, bezeichnet das Austreten von rot-gelbem Ausfluss nach der Geburt.

Von Bechern und Binden

Ein Erfahrungsbericht

Wenn's untenrum bei einer Geburt zu größeren Verletzungen kommt, dauert es ewig, bis die genähten Wunden so weit verheilt sind, dass Frau Ruhe auf dem Lokus hat. Heilungsdauer: sechs Wochen – ohne Komplikationen. Es gibt aber auch positive Nachrichten: Die Fäden müssen nicht gezogen werden, sie lösen sich von alleine auf. In einigen Fällen kann ein kleiner Faden übrig bleiben. So war es auch bei mir. Als ich mir nach Beendigung des Wochenflusses meine verunglückte Vagina in einem Kosmetikspiegel ansah, entdeckte ich einen kleinen Restfaden und zog ihn einfach raus. Kurzes Zwicken, kurze Blutung, und die Sache war erledigt. Was ich sonst noch im Spiegel sah, kam mir allerdings total fremd vor. Ich fühlte mich, als würde ich eine fremde Vagina spazieren führen. Nein, das war nicht das Schneckchen, mit dem ich vor der Geburt ins Krankenhaus gegangen war, da musste eine Verwechslung vorliegen! Absolut! So hässlich sah ich untenrum nicht mal dann aus, wenn ich mich wochenlang nicht rasiert hatte und sich kleine Slipfusseln in meinem Schamhaar befanden – plus krümeligem Scheidenausfluss.

Bevor ich mich getraut hatte, oder sagen wir, bevor ich körperlich in der Lage war, mich ohne Schmerzen breitbeinig vor einen Spiegel zu hocken, musste ich einiges durchleben. Die Toilette wurde ein Ort des Schreckens! Wo ich früher während einer längeren Sitzung noch eifrig auf Facebook unterwegs war, konnte ich vor Schmerzen nun nicht einmal beim kleinen Geschäft mein Handy festhalten. Aber zurück auf Anfang...

Alles begann damit, dass ich nach der Schlüpfung erst einmal fett genäht wurde. Wer sich so wie ich über sein super süßes Kind freut und auf Wolke sieben schwebt, bekommt davon nichts mit. Den Hormonen sei Dank! Danach wurde ich aufs Zimmer gebracht mit der Bitte, "bloß Bescheid zu geben", wenn ich „mal muss"! Noch immer absolut beseelt und voller Adrenalin zeigte ich der Nachtschwester gedanklich den Vogel. Zu voreilig, wie sich wenige Stunden später herausstellte. Ich musste dringend das Malzbier in die Schüssel bringen, dass ich unter der Geburt getrunken hatte, um den Milchfluss vorsorglich anzuregen – soll ja helfen. Ich konnte zwar aufstehen, aber das Gehen fiel mir sichtlich schwer. Alles tat weh, und ich war so erschöpft wie noch nie in meinem Leben! Ich klingelte nach der Schwester, die ad hok in mein Zimmer gestürmt kam und mir bei Aufstehen half. Arm in Arm gingen wir auf die Toilette. Mit passender Musik unterlegt hätte man anhand des Schunkelns meinen können, wir wären auf der Wiesn, und noch immer konnte ich mir absolut nicht ausmalen, was mich erwarten würde. Leicht hormontrunken zog ich das wirklich hocherotische Netzhöschen herunter, das man mir nach der Geburt überreicht hatte, nahm etwas angeekelt die gelblich-rote und megadicke Einlage raus und ließ mich auf der Schüssel nieder. Ohne mein Dazutun lief der Urin aus mir heraus ...an meinen Geburtswunden entlang. Ich fühlte mich, als würde meine Vagina in Flammen stehen! Der Urin, der bekanntlich auch desinfizierend wirkt (und das nicht umsonst), enthält Substanzen, die bei offenen Wunden einen brennenden Schmerz verursachen. Ich krümmte mich vor Pein, legte eine neue riesige Einlage in mein geiles Höschen und zog den ganzen Mist wieder hoch. Aufgrund der Anweisung "Nicht abwischen – und tupfen erst nach 24 Stunden!" tat ich das auch nicht! Dass neben mir ein kleiner Becher mit Wasser stand, um dieses nach Beendigung des kleinen Geschäftes über den Höllenschlund namens Vagina laufen zu lassen, vergaß ich im Angesicht dieser Qualen und meiner Erschöpfung. Die höchste Stufe des "unsauberen Gefühls" war genau in diesem Moment erreicht. Die Schwester nahm mich wieder in den Arm und führte mich zurück in mein Zimmer.

24 Stunden nach der Geburt durfte ich nicht nur endlich meine Vagina nach dem Toilettengang abtupfen, ich fühlte mich auch fit genug, um zu duschen. Ich schlich mit Handtuch und Duschgel über den Flur, und die Schwester rief von hinten: "Bitte keinen direkten Strahl an die offenen Wunden ...und kein Duschgel!" Ich nickte eifrig. So ein Jammer! Dabei wollte ich es mir doch grade so richtig geil mit dem Duschkopf besorgen – als hätte ich keine anderen Probleme als den "direkten Strahl". Ich verschwand also grazil wie ein Walross hinter der nächsten Waschraumtür und machte mich an mein Vorhaben. Unter Schmerzen erledigte ich mein kleines Geschäft und schlüpfte dann unter die Dusche. Eine Wohltat für mein hygienisches Selbstbild, das jedoch nur zehn Minuten hielt. Danach lief mir der Wochenfluss wieder die Schenkel hinunter, und ich freute

mich tatsächlich darauf, gleich wieder in meine Mammut-
binde zu steigen.

Lästiger als die Heulorgien auf der Latrine waren jedoch die
ständigen Fragen nach meinem Stuhlgang. Davon abgesehen, dass ich nach 48 Stunden noch keinen hatte, konnte ich
mir auch wirklich nicht vorstellen, wie ich das überleben
sollte! Der Anus braucht bekanntlich etwas Platz, um sich
auszudehnen. Wenn dieser Platz aber frisch genäht war, was
würde dann wohl passieren? Würden die Nähte reißen?
Würden die Wunden anfangen zu bluten? Oder hätte ich
einfach nur wahnsinnige Schmerzen? Wie hormongesteuerte
Neumütter nun einmal so sind, malte ich mir den Teufel
direkt an die Toilettenwand. Als ich spürte, dass es nun Zeit
sein würde, die Bombe platzen zu lassen, traf mich die
blanke Angst. Und wie sich herausstellte, war sie begründet!

Aus der Schwangerschaft wusste ich, dass Drücken derzeit
nicht die passende Taktik war, um seinen Darm zu entleeren. Stattdessen hieß es, das Übel beim Ausatmen hinaus
gleiten zu lassen. Verkrampft versuchte ich, diesen Ratschlag
zu befolgen…SCHEISSDRECKSKACKE…(Wer an dieser
Stelle weniger emotionale Worte an seine Ausscheidungen
richtet, den beglückwünsche ich aus tiefstem Herzen. Wer
allerdings eine noch kreativere Wortwahl findet, dem sage
ich: Raus damit! Wenigstens etwas, das flutscht!)

Kurz gesagt: Es war die Hölle! Eine absolute anale Aus-
nahmesituation! Und es gab kein Lokus Pokus, das mich
daraus erretten konnte.

Als die Schwester mich am Abend wieder fragte, ob ich endlich Stuhlgang gehabt hätte, bejahte ich diese Frage zwar
stolz, doch graute mir schon vor dem nächsten Töpfchen-

horror. Was ich bis dato nicht wusste: Es sollte noch schlimmer werden, und ich war doch schon jetzt am Ende meiner analen Spannkraft angelangt.

Zurück zuhause, führte ich meine Stillversuche fort. Was ich zwar wusste, und worum ich mich auch sehr bemühte, war viel zu trinken. Logisch! Man hat durch das Stillen einen erhöhten Flüssigkeitsbedarf ...den ich leider trotz aller Mühe nie so richtig decken konnte. Die Folge: Verstopfung! Die Folge der Verstopfung: tagelange Quälerei! Die Folge von Verstopfung und tagelanger Quälerei: unbeschreibliche Höllenqualen noch Wochen nach der Entbindung. Meine Quarkbällchen machten das Ganze auch nicht besser. Mein Analmartyrium war perfekt!

Woche für Woche wurde es dann etwas besser. Neben dem alltäglichen Latrinenschmerz wurden nun auch die Quarkbällchen weniger. Mein After war schöner als je zuvor, und meine Vagina erholte sich auch so langsam von den Strapazen der Geburt.

Jetzt, einige Jahre später, ist alles im Lot, und ich fühle mich wieder wohl mit meiner unteren Region. Unser Körper leistet während der Schwangerschaft und auch danach so viel, dass er seine Zeit braucht, um sich zu regenerieren. Wir Frauen sollten also nicht verzagen und genug Geduld aufbringen, damit wir uns schlussendlich wieder in dem Körper befinden, in dem wir uns wohl fühlen.

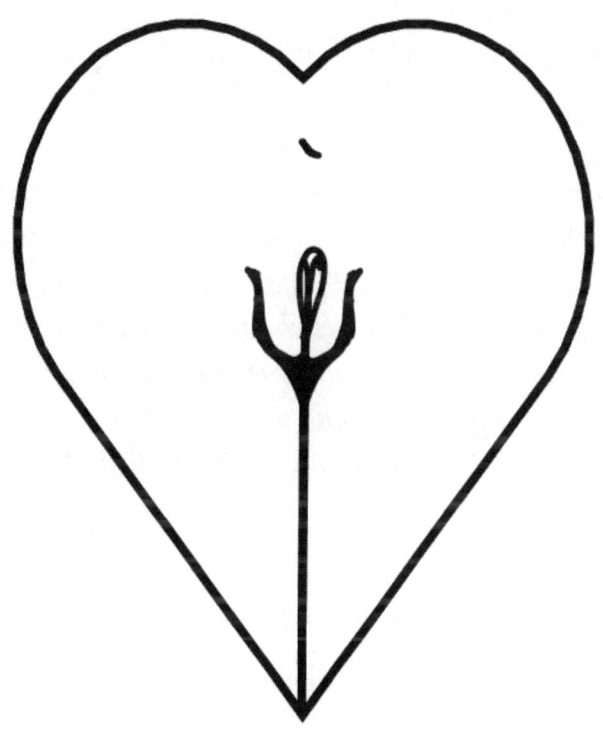

„Es war einmal ein Königskind, das lebte in einem Schloss.
Dort lebten auch seine Mutter und sein Vater.
Eines Tages wachte das Königskind auf,
weckte das ganze Königreich mit einem lauten Schrei.
Kaum waren alle wach und munter,
schlief das Königskind wieder ein.
Willkommen in einer neuen Ära..."

DIE ERSTEN TAGE ZUHAUSE
Willkommen im Pipi-Kacka Land

Nix König und Königin...
Jetzt ist der Nachwuchs am Start!

Alles wird anders

Es ist soweit – die frischgebackenen Eltern bringen voller Freude ihren Nachwuchs in die eigenen vier Wände. Neben der Tatsache, dass Mutti und Vatti mit dem Übertreten der Türschwelle das Zepter an den Sprössling überreichen, ändern sich noch einige andere Dinge schlagartig. Und wenn ich schlagartig sage, meine ich tatsächlich so richtig in die Fresse! Und nein, ich denke hier nicht an so geile Sachen wie voluminöse Stillbrüste oder das vorgekochte Essen von Oma und Opa. Ich meine die Dinge, die einem erst dann schmerzlich bewusst werden, wenn sie sich in den Alltag eingeschlichen haben. Wie diese hier zum Beispiel:

10 Dinge, die sich ändern, wenn ein kleiner Scheißer im Haus ist:

1. Feuchte Flecken auf dem elterlichen Bettlaken stammen nicht mehr vom Bettsport oder ausgiebigen Fressorgien vor dem Zubettgehen. Oh nein! Sie stammen ab jetzt zu 99% von Babyausscheidungen.

2. Mutti sitzt nicht mehr auf dem Beifahrersitz neben ihrem Partner, sondern auf der Rückbank bei dem Baby – irgendwer muss ja die ganze Zeit ein Auge drauf halten und bereit sein, wenn das Baby etwas benötigt. Oder?

3. Der Partner küsst morgens nicht das übermüdete Muttertier, sondern das ausgeruhte, quietschfidele Baby. Ganz egal, wer´s wohl mehr verdient hätte...

4. Die Nachbarn stören sich nicht mehr an lauten Sexgeräuschen, sondern am lauten Geschrei des Nachwuchses.

5. Im Sockenschrank sind keine Vibratoren mehr versteckt, sondern Spucktücher.

6. Kommt Besuch, bekommen nicht die Eltern ein kleines Präsent, sondern das Baby. Dabei täte eine kleine Aufmerksamkeit manchmal richtig gut.

7. Frau steht nachts nicht auf, um den Partner mit einem Blowjob zu überraschen oder sich eine Pizza in den Ofen zu schieben. Nein, sie kümmert sich um die Milchfütterung des Babys. Egal ob Fläschchen oder Brust – an erster Stelle steht, dass der kleine Knirps am Ende auch noch ein Bäuerchen macht.

8. Anstatt sich selbst zu kultivieren, wird ab jetzt nur noch das Baby vorzeigbar gemacht. Ihr wisst ja: Jeder, der das süße Kindchen ansieht, soll einen Zuckerschock bekommen.

9. Auf dem Badewannenrand stehen nicht mehr teure Badezusätze, sondern Quietscheentchen und Babyprodukte. Natürlich nur das, was am wenigsten Zusatzstoffe hat.

10. Statt dieses Buch in wenigen Stunden am Stück zu verschlingen, bleibt nun keine Zeit mehr für ausgiebige Freizeitgestaltung. Der Zeitrahmen für Muttizeit richtet sich ab jetzt nämlich nach dem Neugeborenen.

Die Wahrheit stinkt

Der Regimentswechsel ist noch längst nicht alles, was der Familienzuwachs so mit sich bringt. Tatsächlich ist es nämlich auch so, dass sich der Gesprächsinhalt eines jungen Elternpaares drastisch verändert. Ob das jetzt das Niveau hebt oder senkt, sei mal dahin gestellt, aber irgendwann früher oder später geht man sich selbst total auf den Keks. Denn es gibt eine Sache, die prägnanter ist als je zuvor: Gespräche über Scheiße! Jedes frisch gebackene Elternteil wird nämlich schon wenige Minuten nach der Geburt des Kindes mit einem Thema konfrontiert, das weder nach rosa Blüten duftet noch wie eine Blume aussieht. Alles was jetzt noch zählt, ist der Stuhlgang des Neugeborenen.

In den ersten Lebensmonaten scheint es fast so, als gäbe es für die Mutter nichts Zufriedenstellenderes als eine volle Schisswindel in der passenden Farbe, cremiger Konsistenz und selbstverständlich dem dazugehörigen Geruch. Ist das zähe Kindspech erst einmal komplett ausgeschieden, geht der Windelmarathon erst richtig los. Die Zeitrechnung einer Mutter besteht nun nicht mehr aus Stunden und Minuten. Nein, Mutters Takt schlägt in vollen Windeln.

Kinderarzt und Schwestern geben den frisch gebackenen Eltern schon im Krankenhaus ein paar wertvolle Instruktionen zum Thema Windelinhalt. Richtig so! Immerhin erlangen vor allem Mütter im Laufe der Zeit die Fähigkeit, das Wohlbefinden des Kindes aus seinem großen Geschäft zu lesen. In der Tat hätte ich mir niemals vorstellen können, wie viel Bedeutung man der Verdauung seines Säuglings beimisst, aber es ist die stinkende Realität: Vor allem Mütter können oft keine Windel entsorgen, ohne den Inhalt genau zu analysieren. Natürlich aus aller nächster Nähe! Zu fest? Zu dünn? Zu hell? Zu dunkel? Riecht es zu sauer oder vielleicht zu süß? Was sind das für Bröckchen? Habe ich gestern Möhre gefüttert, oder wo kommt der Orangeton her?

Ist Frau sich unschlüssig, wird der Partner an die Windel gerufen und dazu animiert, bitteschön mal ganz genau hinzusehen! Ist das erste "Örgs" und "würg" überstanden, schaut auch der Mann etwas näher hin. Mit einem Schulterzucken gibt Frau sich dann aber nicht zufrieden! Kommt ihr der Windelinhalt noch immer komisch vor, wird Google um Rat gefragt. Oder aber man macht sich direkt mit einer Nahaufnahme bei Freunden oder Hebamme kundig. So manch ein Frauenzimmer erfragt die Windellage auch direkt beim Arzt im Krankenhaus. Sicher ist sicher. Lieber einmal zu viel als einmal zu wenig, so lautet die Devise!

Zudem haben Frauen den Männern auch hier einiges voraus. Wo Mann sich schon bei dem Gedanken daran übergeben könnte, seinem Kind das "große Geschäft" vom Hintern zu wischen, geht Frau völlig darin auf. Es kommt nicht selten vor, dass Mutter ein "Kot-Lied" dichtet! Zudem fällt es Ihnen wesentlich leichter, ihre Nase in aller Öffentlichkeit an die Windel ihres Kindes zu pressen und "mal zu schnuppern". Männer sind da um einiges reservierter.

Klopft das große Geschäft des Nachwuchses nicht zur gewohnten Zeit ans Hintertürchen, kann man beobachten, wie Muddern von Stunde zu Stunde nervöser wird. Obwohl der Säugling nicht den geringsten Anschein von Verstopfung macht, läuten bei seinem Muttertier die Alarmglocken in den lautesten Tönen, und es legt sich bereits einen Notfallplan in

Form eines Kümmelzäpfchens auf dem Wickeltisch zurecht. Schon bei der kleinsten Flatulenz sprintet Frau los, überspringt Tische und Stühle im Hechtsprung, um an den Bäckchen ihres Nachwuchses zu schnüffeln. Ist es nur ein Pups oder doch der ersehnte Auswurf? Wo der Vater meistens noch entspannt Luft holt, ist Frau alles andere als gechillt. Ihre Gedanken kreisen um die leere Windel ihres Kindes. Und zwar so lange, bis der kleine Darm seine Arbeit vollbracht hat und die verdaute Nahrung dahin befördert, wo Frau Oberkommissarin ihren geschulten Blick darauf werfen kann. Ist Mutti aber mal für ein paar Stunden nicht am Hot Spot, um Windelspionage zu betreiben, ist die erste Frage bei ihrer Rückkehr: „Hat das Baby groß gemacht?" Es empfiehlt sich in einem solchen Fall, einfach das volle Beweisstück für die Mutter aufzuheben. Wer dies versäumt, darf sich auf einige Fragen gefasst machen. Welche Farbe hatte es? War es cremig oder hart? Unangenehm? Dann doch lieber Frau Schiss-Expertin selber gucken lassen. Ist für alle Beteiligten die beste Variante. Wirklich niemand möchte sehen, wie Muttern die Stinkbombe aus dem Hausmüll fischt, um nachzusehen, ob in Windelhausen alles rockt!

Doch kommen wir zu unserem Hauptthema zurück: Die beschissene Kommunikation zwischen den Eltern. Denn wenn es nicht um den Haufen an sich geht, dann zumindest um das Gesichtchen des Wonnepröppchens, wenn es gerade bei der Sache ist. Was sich in der Windel nämlich erst mit bestialischem Geruch und Beule erkennbar macht, spiegelt sich oft schon viel früher in der Mimik der Kinder wieder. Es soll sogar Elternteile geben, die es besonders "drollig" finden, wenn der Nachwuchs einen Patten in die Windel drückt und dabei das Gesicht so herrlich verzieht. Dieses Phänomen wird sogar unter Müttern diskutiert. Ja, es ist traurig! Was also von einer mehr oder weniger intakten Liebesbeziehung noch übrig bleibt, ist das Scheiße-schwafeln. Bittere Realität!

Frischgebackene Eltern finden sich also von jetzt auf gleich in einem fremden Königreich wieder, dem „Pipi-Kacka-Land". Doch diese Windeldynastie bietet auch einige tapfere Ritter und loyale Vertraute. Da gibt es Hebammen, Frauenärzte und Mitmütter, die einem gerne mit Rat und Tat zur Seite stehen, zumindest in den ersten Wochen. Wer schon einmal mit der Spezies der „Mitmütter" in Kontakt gekommen ist, der weiß, dass deren Gerede auch nur einige Wochen hilfreich ist. Danach hagelt es irrwitzige Tipps und besserwisserische Ratschläge, die eh kein Mensch braucht. Aber hey! Immerhin könnt ihr euch sicher sein, dass auch diese Muttis weniger Haare auf dem Schädel haben als vor der Schwangerschaft.

[Fakt]

Es ist nämlich so, dass während der Schwangerschaft der Östrogenspiegel steigt. Das hat die Folge, dass mehr Haare in ihrer Wachstumsphase gehalten werden. Nach der Geburt sinkt dieser Spiegel enorm, und nach circa drei Monaten beginnen die Haare wieder auszufallen.

Was irgendwie schrecklich klingt und in vielen Fällen zur Folge hat, dass Frau sich wie Gollum fühlt, ist ganz normal und geht vorbei. Sorgen muss man sich also keine machen. Es ist und bleibt eine Sache der Hormone.

Halten wir also fest: Nicht nur während der Schwangerschaft, auch noch danach, verändert sich im weiblichen Körper sehr viel, aber – und das ist das Wichtige an der ganzen Misere – er hat etwas erschaffen, das euch ein Leben lang begleiten wird: euer Kind. Aus meiner Sicht sind diese ganzen Wehwehchen ein sehr kleiner Preis für das Lächeln des eigenen Kindes. Ja, ich weiß, die ersten Monate nach der Geburt sind für eine Mutter wirklich hart. Da kann es schon mal vorkommen, dass tagelang weder gegessen noch geduscht wird, weil etwas anderes im Vordergrund steht, und das ist okay! Kinder lieben einen auch mit Schweißring Nr. 5 unter den Armen, Schwabbelvorbauch und Schwangerschaftsstreifen, Mundgeruch und verfilzten Haaren. Nur eines sollte man neben seinem Kind nicht vernachlässigen – die Untersuchungen beim Frauenarzt. Die Kontrolluntersuchung bei meiner wundervollen Frauenärztin verlief ohne Komplikationen. Sie machte mir sogar tolle Komplimente, die mir bis heute nicht aus dem Kopf gehen. Sie sagte: "Hier unten sieht es wunderschön aus" und "Das hat sich alles wieder wunderbar zurückgebildet – so eng wie vorher!". Strike! Ich nix Lagerhalle! Denn ihr wisst ja, was man zu Sex nach der Geburt sagt, oder?

Aus der Reihe „Kot-Lieder for Runaways":

Eine frische Windel ist wie ein neues Leben

Ist das noch der selbe Schiss, in dem ich schon seit vielen Stunden lag?
Ist das noch dieselbe volle Windel, die ich beim spielen und gehen trag?
Bist Du wirklich Stinke-A-A, ist es wirklich keine Phantasie?
Mir erscheint die ganze Welt verrückt, denn ich bin voll Scheiße wie
noch nie

Eine frische Windel ist wie ein neues Leben, nananananananaaa...
Was einmal war, ist vorbei und vergessen und zählt nicht mehr.
Eine frische Windel ist wie ein neues Leben, nananananananaaa...
mir ist als ob ich durch dich neu geboren wär.

Ja, jetzt fängt ein neues Leben an,
meine Trockenheit ist Schuld daran.
Alles ist so wunderbar, dass man es kaum verstehen kann.

Als ich die andre voll schiss, dachte ich, das kann doch gar nicht sein.
Und ich dachte mir, das Spiel ist aus, ich scheiß für alle Zeit da rein.
Dann kamst Du, das braune Elend war vorüber eh ich mich versah
und schon nach dem ersten Feuchttuch, da war eine frische Windel da.

Eine frische Windel ist wie ein neues Leben, nananananananaaa...
was einmal war, ist vorbei und vergessen und zählt nicht mehr.
Eine frische Windel ist wie ein neues Leben, nananananananaaa...
Mir ist als ob ich durch dich neu geboren wär.

"Hier unten sieht es wunderschön aus."
Frau Mösmann – Gynäkologin

GESCHLECHTSVERKEHR NACH DER GEBURT
Die „Bifi" in der Lagerhalle

*Werbung wegen Markennennung – natürlich unbezahlt –
keine Produktplatzierung – kein Branded Content – kein Bock*

Rein oder nicht rein – das ist hier die Frage

Um thematisch einfach weiterhin bei den Dingen zu bleiben, die eh keiner ausspricht, sehe ich mich dazu berufen, auch das folgende Thema zu erläutern: Geschlechtsverkehr nach der Entbindung oder, wie es in anderen Teilen des Landes heißt, "Bumsen nach der Schlüpfung".

Für viele Frauen ist dieses Thema nach einer natürlichen Geburt ein Buch mit sieben Siegeln. Gerade erst eine Melone durch ein Euro-großes Loch gequetscht, rückt dieser Gedanke in so weite Ferne, dass der Kauf eines Rollators mit Lichterkette wahrscheinlicher ist und der Partner so alt, dass selbst die Sackfalten schon Falten bekommen. Man entkommt der Bumserei durch das Warten auf altersbedingte Schwanzschlaffe beim Mann und den Wechseljahren der Frau, mit der oft eine weitere Stufe der Unlust einher geht. Wer also nach der Geburt das Geschlechtsteil seines Partners so sehr verteufelt, dass man die kleine Bifi nicht mehr in die Lagerhalle lassen will, der braucht einfach ein zeitintensives Hobby und eine Hand voll guter Ausreden... Migräne, Scheidenpilz, Periode und Scheidenschweiß sind nur ein paar kleine Ideen von mir.

Neben den Frauen, die nach der Niederkunft einfach keinen Sex mehr möchten (aber könnten, wenn sie wollten), gibt es auch die Frauen, deren Libido sich für einige Monate unbezahlt beurlauben lässt. Anders als bei den erstgenannten Frauen hat Mann noch eine Chance darauf, bestiegen zu werden. In welchem Zeitraum das allerdings der Fall sein wird, ist von Frau zu Frau sehr unterschiedlich.

Auf der anderen Seite gibt es aber auch die Exemplare der weiblichen Spezies, die kaum das Ende des ziemlich widerlichen Wochenflusses abwarten können. Ihre Libido läuft auf Hochtouren, und die ziemlich leicht zu erregenden Frauenzimmer wünschen sich nichts mehr als hemmungslosen Sex. Sogar Geburtsverletzungen werden vollkommen ignoriert. Ein Glück, dass die Männer in einem solchen Fall oft Bedenken haben, ihre Knackwurst tatsächlich einzuparken.

Auch bei Männern gibt es unterschiedliche "After-Baby-Bekomming-Typen". So manche, die die Geburt aus nächster Nähe miterleben durften, haben erst einmal genug von der Vagina der Frau. Nicht verwunderlich, wenn man bedenkt, dass sich die inneren Scheidenwände unter der Geburt nach außen stülpen. Die anderen sind so horny auf ihr "geiles Stück", dass sie diejenigen sind, die das Ende des wirklich abartigen Wochenflusses nicht abwarten können oder in seltenen Fällen sogar erst gar nicht abwarten. Welches Hormon da seine Bifi mit im Spiel hat, weiß ich leider nicht. In allen Fällen kann man nur hoffen, dass Mann und Frau sich einig sind.

Besenkammer oder Lagerhalle?

Zu guter Letzt gehen wir dem Mythos der "Bifi in der Lagerhalle" auf den Grund. Ist es also tatsächlich so, dass die Scheide der Frau bei der Geburt so sehr gedehnt wird, dass der Sex danach eher so ist, als würde Mann seinen Lümmel in einer leeren Lagerhalle auspacken?

[FAKT]

Der Sex nach der Geburt wird nie mehr so sein, wie davor. Das hat einen ganz einfachen Grund. Das gedehnte Gewebe bildet sich nicht mehr genau so zurück, wie es einmal war. G-Punkt, Gebärmutterhals und andere erogene Zonen verschieben sich um wenige Millimeter. Dies bedeutet jedoch nicht, dass das Gewebe locker bleibt. Zudem hat einige Monate ein enormes Gewicht auf dem Beckenboden gelastet. Auch das ist ausschlaggebend für ein anderes Empfinden während des Geschlechtsverkehrs (in den meisten Fällen eben geiler und in wenigen traurigeren Fällen eben nicht mehr so geil). Hormonelle Veränderungen steuern ihren Rest dazu bei.

Um mal Zahlen und Fakten zu nennen: 85% der Frauen berichten, dass der Sex nach der ersten Geburt (wir gehen hier von zwölf Wochen nach der Geburt aus, denn das Gewebe braucht natürlich Zeit, um sich zurück zu bilden) viel intensiver war. Einige Frauen stellten sogar fest, dass sie enger waren als zuvor. Die anderen 15% konnten keine Veränderung feststellen ...sie spürten von dem kleinen Schniepi ihres Mannes genau so wenig wie vor der Geburt.

Halten wir fest: In den meisten Fällen ist Frau nach der Geburt nicht "ausgeleiert", und der Akt an sich fühlt sich intensiver an als zuvor. Nach vielen Geburten kann sich dies natürlich ändern, aber auch nicht in einem solchen Maße, dass Mann sich sorgen müsste. Was die Veränderungen der außenliegenden Geschlechtsorgane angeht, kann ich nur sagen: Nichts ist mehr so, wie es mal war!

Wenn der sogenannte „Elternsex" dann da ist, stellt man schnell fest, dass er etwas ganz Besonderes ist. Wir alle wissen von früher, dass wir uns nur unter ekelverzerrtem Gesicht vorstellen konnten, wie unsere Eltern sich schwitzend und hechelnd aneinander rieben. Heute stehen wir auf der anderen Seite. Ein wirklich komisches Gefühl, wenn ihr mich fragt, denn es gibt viele Dinge, die sich verändert haben. Ich habe mal ein paar für euch aufgelistet.

Zehn Dinge, die sich beim Sex ändern, wenn ein Kind im Haus ist:

1. Es gibt nur noch halbe Sachen. Statt zehn Minuten dauert der elterliche Koitus nämlich nur noch fünf. Es sei denn, das Kind merkt schon früher, dass etwas nicht stimmt...

2. Wo man früher zeitlich sehr flexibel war, stellt sich nun die Frage nach dem "Wann". Meistens ist der passende Zeitpunkt, wenn das Kind schläft. Hat Frau dann keine Migräne, ist nicht zu müde und muss am nächsten Tag nicht um fünf Uhr raus, stehen die Chancen für erfolgreichen Geschlechtsverkehr bei 50%. Die anderen 50% hängen jetzt am Nachwuchs.

3. Die Frage nach dem "Wo" erübrigt sich in den meisten Fällen, denn es gibt nur einen Ort im Haus, an dem man einigermaßen vorm Kind sicher ist. Soviel zu Safer Sex. Oder aber man tut es eben dann, wenn das Kind bei den Großeltern untergekommen ist. Sexdating nennt man das dann.

4. Bleibt noch die Frage nach dem "Wie". So leise und so schnell wie möglich. Quicky lässt grüßen.

5. Das Vorspiel besteht nun darin, dass Muttern in ihrer „Nicht-dass-das-Kind-davon-wach-wird-Panik" schon zweimal wegen einem Fehlalarm nach dem Sprössling gesehen hat, bevor das gute Vaterstück auch nur ansatzweise in die Nähe des mütterlichen Schmuckkästchens kam.

6. Glatt rasiert sind in den meisten Fällen nur noch die Väter (sofern sie es auch vor der Vaterschaft waren). Die Mütter tragen mal mehr und mal weniger stolz ihren Wildwuchs. Unter der Dusche geht aus Zeitmangel nämlich nur noch eine Sache. Also entweder Möschen rasieren oder für fünf Minuten seine Base chillen.

7. (Falls Frau in der Vorspielminute nicht ausreichend Scheidenfeuchte produzieren konnte, schafft ein Gleitgel Abhilfe) Hat's der Vater aber nun geschafft, in die Vagina der Mutter einzudringen, heißt es auch für die Frau drei Minuten entspannen...

8. ...zumindest zu 50%. Die anderen 50% horchen, ob das Kind auch wirklich noch schläft.

9. Nach 2,5 Minuten naht der Orgasmus des Mannes! Dieser wird ermahnt, NICHT auf den Körper seiner Frau zu ejakulieren. Nachts noch die Dusche anzuschmeißen, ist für die meisten Muttis keine Option.

10. Statt langem Kuscheln will (und muss) Mutter direkt schlafen. Bei Vatern ändert sich nichts. Ist er früher schon nach dem Sex gleich eingeschlafen, tut er es heute auch. Es sei denn, er geht zocken oder kloppt sich noch einen Becher Eis und ne Tüte Chips in die Figur.

Eis oder heiß?

Viele Frauen berichten, dass sie nach der Geburt ihres Kindes eine verminderte Lust auf den Geschlechtsakt haben. Die Gründe dafür sind genauso vielseitig wie die Frauen an sich: der Hormonumschwung, die veränderten körperlichen Voraussetzungen oder aber schlichtweg die Tatsache, dass Frau nun einfach mit ihrer Rolle als Mutter beschäftigt ist. In 95 % der Fälle kann sich diese Unlust wieder regulieren, in wenigen Einzelfällen bleibt die Libido kalt wie der Inhalt einer Eismaschine.

[FAKT]
Der Körperkontakt zum Neugeborenen reicht vielen Frauen in der ersten Zeit aus. Dass die Körperlichkeiten zwischen den Partnern sehr viel weniger werden, ist also normal.

„Nein, das sind keine Schwangerschaftsstreifen,
das ist eine verschlüsselte Botschaft
von den Aliens..."

WENN DER ALLTAG EINKEHRT
...von Monatsblutung und Schwabbelvorbauch!

*Da willste deine Hose öffnen und musst erst deinen Schwabbelbauch
zur Seite schieben – Leben am Limit!*

Und da ist sie wieder!

Ein Erfahrungsbericht

Wie immer ging meine Tochter so gegen 20 Uhr ins Bett. Nach sechs Stunden Fernsehmarathon und einem Medium Steak zum Abendbrot wohl allerhöchste Eisenbahn. Ich erledigte wie jeden Abend noch ein paar Dinge im Haushalt, schaute eine meiner Serien und machte mich gegen 22 Uhr ebenfalls auf den Weg in unser Familienbett. Über sechs Monate lang hatte ich immer nur auf einer Seite geschlafen, und zwar mit dem Gesicht zu meiner Tochter. Logisch! Sollte der Schnuller rausfallen oder etwas anderes in der Nacht vermisst werden, war ich wie ein Ninja einsatzbereit, ohne dass mein Kind wach werden müsste. Seit nunmehr einer Woche traute ich mich nun endlich, meiner schlafenden Tochter auch mal den Rücken zuzuwenden in dem Vertrauen, dass verlorene Schnullis alleine wiedergefunden werden können. Und um ehrlich zu sein, bin ich sehr stolz, diesen Absprung endlich geschafft zu haben.

FREIHEIT, ICH KOMME...

Und so holte Mutti sich immer ein Stückchen mehr ihres eigenen Lebens zurück. So gegen 3.45 Uhr spürte ich hinter mir, wie meine Tochter unruhig wurde. Keine Minute später begann sie, bitterlich zu weinen. Ich versuchte, sie zu beruhigen. Streicheln, shhhhhten, flüstern, Flasche, frische Windel... nichts klappte. Ich nahm sie schließlich auf den Arm und beschloss, sie zur Beruhigung zu wiegen. Der allerletzte

Plan in dieser Nacht... In meinen Armen schluchzte mein Kind, in meinem Innern blutete mein Herz. Vermutlich hatte ein Alptraum sie aus dem Schlaf gerissen. Ich wog meine Tochter im Flur hin und her, ging auf und ab und shhhhte und flüsterte beruhigende Worte. Nach etwa zehn Minuten trugen meine Bemühungen Früchte. Meine Tochter entspannte sich langsam, ich hingegen wurde mit einem Ruck total unentspannt. Als ich mich nämlich umdrehte, um den gerade hinab gegangenen Flurabschnitt wieder hinauf zu gehen, sah ich Bluttropfen auf dem Laminat. Kleine und große Sprenkel ergaben ein wirres Muster, das für einen Moment meine Knie weich werden ließ. Ich stoppte und schluckte.

WHAT THE FUCK WAS HAPPENING HERE IN MY FLUR?

Mein Kind weiter wiegend näherte ich mich dem Blut. Frisch! FRISCH? Und das konnte nur eines bedeuten. Mein Kind oder ich bluteten gerade. WAS? Ich sah hinter mich, schaute auf den gerade zurückgelegten Flurabschnitt und sah: Blut! Verdammte Scheiße nochmal! Wieder blieb ich stehen, Panikstarre. Ich tastete den Körper meines Kindes ab. Trocken! Also musste ich diejenige sein, die dieses Muster auf den Boden tropfte. Ehe ich weiter nachdenken konnte, rührte sich das Kind auf meinem Arm und erinnerte mich an das, was ich gerade nicht tat: schunkeln! So ging ich also weiter, wog mein Kind und versuchte, nicht in das frische Blut zu treten. Schließlich sah ich an mir hinab und entdeckte ein kleines Rinnsal, das sich an meinem Bein hinabschlängelte... Meine Monatsblutung hatte nach mehreren Monaten das erste Mal an die Tür geklopft. Mitten in der Nacht. Und irgendein Idiot hatte aufgemacht.

Ich war so darauf bedacht, meine Tochter in den Schlaf zu bekommen, dass ich nicht bemerkt hatte, wie die Blutung einsetzte. Heftig! Nun hatte ich die Wahl: Das Kind mit den sehr kleinen Äuglein weiter in den Schlaf wiegen und alles vollbluten oder das Kind eben ablegen und riskieren, dass ich nach dem schnellen Einlegen von etwas Klopapier wieder ein vollkommen waches Kind habe.

Und was denkt ihr? GANZ GENAU! Noch weitere zehn Minuten den Boden vollgetropft und danach ein schlafendes Mädchen ins Bett gelegt. Und da sich so eine Schweinerei leider nicht von selbst sauber macht, lag ich erst auf den Knien und nach zwanzig Minuten endlich auch im Bett. Aber so ist das eben, wenn der Körper sich wieder umstellt. Nach rund fünfzehn Monaten ohne Regelblutung vergisst Frau doch fast, wie es sich eigentlich anfühlt. Die erste Regelblutung ist für viele Frauen ein Indiz dafür, dass nun der Alltag eingekehrt ist und mit ihm die Erkenntnis, dass sich vieles verändert hat. Vor allem am eigenen Körper.

Die ersten Monate mit Kind sind geschafft. Die gute Nachricht: Ab jetzt könnte es ja jedes Jahr ein bisschen entspannter werden. Die schlechte Nachricht: Gewisse Dinge, die sich jetzt am Körper der Frau verändert haben, bleiben für immer.

Tigerlilly und Bacon Chips

Wie weiter vorne in diesem Knüllerbuch schon angesprochen, sind gestreifte Regionen am weiblichen Körper kein
Mythos und können wirklich jeden treffen. Egal ob Vorder-
bauch, Flanke oder sogar Oberschenkel – was einmal gerissen ist, kann nicht wieder geflickt werden. Immerhin ist die
Haut keine On-Off-Beziehung. Besonders direkt nach der
Geburt fallen diese Risse dank ihrer bläulichen Farbe extrem
auf und können schon einmal dafür sorgen, dass Frau sich
in ihrer Rolle nicht mehr wohlfühlt. Mit der Zeit aber ver-
blassen sie, und übrig bleiben blass glänzende Streifen. Wer
es mit Humor nimmt, kann sich an dieser Stelle gerne einen
wirklich coolen Spitznamen geben. „Streifenhörnchen" oder
„Tigerweibchen" stehen da ganz hoch im Kurs. Ich bin ja
eher für den „Bacon Chip" – die schmecken nicht nur richtig geil, die sind auch immer schön schlank.

[FAKT]
Die rötlichen Streifen auf den köstlichen Chips werden übrigens in vielen Fällen aus toten Läusen gewonnen. Der Farb-
stoff Karmin ist in weiblichen Läusen enthalten. Diese werden gezielt gezüchtet und getötet.

Hosenbund und Panzertape

In den ersten Monaten noch ganz prägnant, bildet sich die
Haut am Bauch mit der Zeit langsam zurück. In den meisten
Fällen hat das Gewebe so gelitten, dass auch noch Jahre spä-
ter der kleine Schwabbelvorsatz zu erkennen ist. Im Grunde

aber ist dieser Hautüberschuss überhaupt nicht schlimm. Nur quillt unser neuer Schwabbelfreund gerne über den Hosenbund und drängt sich regelrecht in den Vordergrund. So stiehlt er jeder noch so schönen Visage die Show. Zum Glück gibt es in der heutigen Zeit ein paar Helferlein, die den Möchtegern-Star in die Schranken weisen: Bauch-weg-Unterhöschen, Jeanshosen, deren Bund bis unter die Achsel reicht, und Panzertape! Ich schwöre ja auf ersteres, habe aber auch schon Frauen getroffen, die sich den Hautlappen einfach nach oben kleben. Ich weiß, ich weiß... es gibt Frauen, die sehen 2,5 Stunden nach der Schlüpfung aus wie ein Topmodel. Tatsächlich ist dies aber nicht einmal bei 15% der Weibchen der Fall. Oft ist es so sogar so, dass selbst nach einer krassen Kohldiät dieses kleine Bäuchlein einfach da bleibt, wo es ist. Wem wir das zu verdanken haben? Den Genen! Die Gene allein entscheiden, wie belastbar das Gewebe ist. Nach Mehrfachgeburten kann es sogar sein, dass nicht nur der Unterbauch hängt, sondern die ganze Bauchdecke. Aber scheiß doch drauf – Mütter sind auch mit Schwabbelbauch die Geilsten. Und Studien haben bewiesen, dass Männern das ganz egal ist. Zumindest wenn sie nicht nur den Körper der Frau wollen. Aber das ist eine andere Baustelle, von der ich mich in diesem Buch lieber fernhalte – mir fehlt dafür einfach der passende Schutzhelm.

Der Frust mit der Brust

Ja, es ist so, wer sein Kind stillt, hat am Ende mit achtzig-prozentiger Wahrscheinlichkeit Hängebrüste, sofern diese nicht vorher schon den Weg nach unten gesucht haben. Das

160

ist eine der Sachen, die man einfach nicht schönreden darf –
und auch nicht sollte. In vielen Fällen schwillt das Gewebe
während der Brustfütterung sogar so stark an, dass richtige
Risse entstehen. Ich sage es einfach mal ganz offen heraus:
Mädchen, verabschiede dich von deinem geilen Vorbau!

Nippel, olé!

Stillen ist schmerzhaft! Um hier aus dem Nähkästchen zu
plaudern: Ich hatte sogar kleine Brandblasen auf meiner
Brustwarze. Diese Info soll euch aber keine Angst machen,
nur aufklären. Ich stand da wie Hein Blöd auf Drogen, und
hätte ich vorher die Schmerzen erahnt, hätte ich meine
Hausapotheke mit allerlei hilfreichem Zeug ausgestattet.
Aber kommen wir zurück zu dieser Nippelthematik. Durch
die enorme Beanspruchung des Gewebes verändern die
Brustwarzen in vielen Fällen Form und Farbe. Es verhält
sich in etwa so wie mit unserem Anus. Ich weiß, dass dieser
Vergleich auf den ersten Blick etwas seltsam anmutet, aber
lies weiter. Gewebe, das immer in Bewegung und vielen
Belastungen ausgesetzt ist, verfärbt sich nun mal. So
geschieht es auch mit den Brustwarzen und den Vorhöfen.
Aber einen Trost gibt es: Die allseits beliebten Brusthaare
werden in den meisten Fällen nicht viel mehr. Das ist doch
wohl eine gute Nachricht, oder?

Tröpfchen für Tröpfchen

Schon mal etwas von Stressinkontinenz gehört? Ja, es ist
genau das, was du denkst! Auch nach der Geburt betrifft es

rund ein Drittel der Frauen, die ihr Wasser nicht mehr richtig halten können. Auch wenn jetzt die Alarmglocken läuten, musst du aber keinen Dreijahresvorrat an Maxibinden kaufen. Diese Inkontinenz dauert in den meisten Fällen nur wenige Monate und in seltenen bis zu einem Jahr. Noch, noch, noch viel seltener – und ich betone das hier ganz absichtlich – kann dies eine langfristige Folge der Schwangerschaft und der Geburt sein. Aber woher kommt es eigentlich, dass Frau nun beim Lachen, Niesen oder Fluchen ein paar Tröpfchen ins Höschen drückt? Ganz einfach: Durch das Gewicht des Babys, das während der Schwangerschaft auf dem Beckenboden lastet, hat sich das Gewebe gedehnt. Um dieses Gewebe nach der Geburt wieder in Form zu bringen, sind Beckenbodenübungen von Nöten. Werden diese regelmäßig durchgeführt, kommt es schon bald zu einer Besserung. Ist Frau mit diesen Übungen genau so schludrig wie gewisse Rabenleute mit dem Haushalt, wird auch weiterhin das Höschen bei jedem Lachanfall feucht. Halten diese Beschwerden länger als ein Jahr an, sollte ein Gang zum Arzt angetreten werden. Ich würde euch da ja auch beraten, aber mein Doktortitel für 12,99 € aus dem Internet lässt schon seit drei Jahren auf sich warten. Wichtig ist aber in jedem Fall, dass Frau sich nicht verrückt macht und auch dieses Wehwehchen als notwendiges Übel und nicht als hulkmäßigen Schlag in die Weichteile sieht.

Haut und Haar – (nicht) wunderbar?

Hast du an dieser Stelle Glück, und die Hormone sind dir wohlgesonnen, wirst du nach der Geburt so wunderschön sein wie zuletzt vor deiner Pubertät. Hast du hier aber Pech, ziehen Unreinheiten und trockenes Haar bei dir ein. Ich würde ja jetzt sagen, mach einfach nicht die Tür auf, wenn diese unliebsamen Begleiter mit Sack und Pack vor deiner Tür stehen. Aber du ahnst es schon, Hormone bitten nicht um Eintritt. Rausschmiss nicht möglich. Das schaffe auch ich als Elfenprinzessin nicht. Ich habe aber eine gute Nachricht, für manch eine könnte es jedoch auch eine schlechte sein: Oft verändern sich Haut und Haare zum Gegenteil. Ich persönlich hatte dahingehend ja Glück, aber ich kenne auch Frauen, die sich danach in ihre Jugend zurück versetzt fühlten. Na ja, zumindest was die Haut anging. Denn sind wir mal ehrlich, wir werden ja auch nicht jünger, nicht wahr?

Alles halb so schlimm?

Es kursiert ja das Ammenmärchen, dass nach der Niederkunft die Periode nur noch halb so schlimm sein soll. Wie gesagt, es ist ein Märchen! Tatsächlich stimmt aber Folgendes: Schmerzen und auch Dauer der Monatsblutung können sich verändern. Wer vorher geblutet hat wie ein abgestochenes Schwein und Schmerzen erlitten hat wie ein Kerl mit Männergrippe, hat eine Fifty-fifty-Chance, dass sich nach der Geburt alles auf ein Normalmaß reguliert. Oder anders herum. Die Frage, die sich manch Kopf nun stellt, ist wohl: wieso? Ganz einfach! Das ist wie mit dem roten Faden, der sich durch dieses Buch zieht. Das Gewebe bildet sich nicht mehr so zurück, wie es einmal war. Das bringt natürlich auch in der Gebärmutter drastische Veränderungen mit sich. Aber ihr könnt euch gewiss sein, egal wie schwach oder stark eure Periode nach der Schlüpfung ist, euer Partner kann euch dank der Stimmungsschwankungen genau so wenig leiden wie davor.

Es war einmal der Schlaf...

Augenringe! Das neue Accessoire für die frisch gebackene Mutter. Ich warte ja immer noch darauf, dass diese Kriegsbemalung mal in Mode kommt, aber ich glaube schon fast, dass ein Muttertier mit Ring 45 unter den Augen nicht gerade als Trendsetter gilt. Eigentlich schade, oder? Dabei sind es doch eigentlich die Mütter, die den richtigen Blick für die Mode haben – zumindest bei ihrem Nachwuchs. Na ja, immerhin etwas, und auch nicht zu verachten.

[FAKT]
Nur rund 15% aller Mütter schaffen es, nach der prägenden Zeit mit ihrem Kind wieder zu einem normalen Schlafverhalten zurück zu finden. Der Rest wird durchschnittlich zwei- bis dreimal die Nacht wach.

Habt ihr eine Ahnung, wie sich der Schlaf einer Mutter tatsächlich verändert? Nein? Dann lest schön weiter. Wo vor dem Nachwuchs nämlich noch gesundes Schlafverhalten vorhanden war, ist ab der Mutterschaft nur noch wenig übrig. Liegt das Kind dann noch im Nebenzimmer, darf Mutter sich getrost den Schrittzähler anschmeißen – jetzt wird ordentlich Strecke gemacht. Ein Familienbett ist da weniger sportlich. Aber nur ein bisschen. Wach wird man trotzdem um die 15 mal pro Nacht...

Schlafverhalten vor der Mutterschaft

1. Aufbleiben bis der Arzt kommt oder bis die Doktorspiele vorbei sind. Keine Spur von Müdigkeit.

2. Kurz vor dem Schlafengehen noch ein Glas Cola getrunken und das letzte Stück TK-Pizza vom Abendbrot verzehrt

3. Zähneputzen? Nur, wenn nötig!

4. Schlafanzug? Fehlanzeige!

5. Glotze im Schlafzimmer an und bei blauem Impulslicht nach drei Minuten eingeratzt.

6. Mitten in der Nacht wach geworden, um den Fernseher auszuschalten und die Cola in die Schüssel zu bringen.

7. So lange geschlafen bis man ausgeruht war...

8. ...und so lange noch im Bett gelegen, bis man seine wilden Träume sortiert hatte.

9. Aufgestanden, wenn man Lust hatte.

10. Zähne geputzt, wann man Lust hatte.

11. Angezogen und gefrühstückt, wann man Lust hatte.

(Anmerkung: also an Wochenenden...)

Schlaf während der Mutterschaft:

1. Die Müdigkeit klopft schon um 3 Uhr mittags an die Tür ...falls sie überhaupt jemals weg war.

2. Um 19 Uhr mit dem Kind zusammen Zähne putzen nach einer ausgewogenen Mahlzeit zum Abendbrot.

3. Schlafanzug an die Figur – falls dieser überhaupt den Tag über ausgezogen wurde.

4. Beim Zubettbringen selbst schon halb einschlafen...

5. Wenn das Kind schläft noch sechzig Minuten für die eigenen Bedürfnisse in Anspruch nehmen, bevor man schon um 20.30 Uhr die Augen nicht mehr offen halten kann.

6. Hinlegen und der Herzschlagspieluhr für Babys lauschen... braucht man ja mittlerweile selbst zum einschlafen.

7. Mitten in der Nacht vom Kind geweckt werden, um etwas zum Trinken zu holen.

8. Mitten in der Nacht aufwachen, um auf Toilette zu gehen.

9. Mitten in der Nacht vom Kind geweckt werden, um den Schnulli oder das Kuscheltier zu finden.

10. Mitten in der Nacht aufwachen, weil das Kind die Decke geklaut oder sich aus dem warmen Schlafsack geschält hat.

11. Mitten in der Nacht geweckt werden, weil das Kind schlecht geträumt hat.

12. Mitten in der Nacht wach werden, um zu sehen, ob beim Kind noch alles gut ist.

13. Mitten in der Nacht geweckt werden, weil die Windel des Kindes voll ist.

14. Mitten in der Nacht wach werden, weil man selbst noch einmal auf die Toilette muss.

15. Mitten in der Nacht geweckt werden, weil das Kind schon wieder Durst hat.

16. Mitten in der Nacht wach werden, weil man es einfach so gewohnt ist.

17. Ausschlafen? Fehlanzeige!

18. Gemütlich in seinem warmen Bett liegen bleiben, um die Träume zu analysieren und sacken zu lassen? Fehlanzeige!

19. Aufstehen, wenn das Kind es will.

20. Sofort anziehen und Zähne putzen, damit man sich ohne Stress dem Kind widmen kann.

(Anmerkung: ...was für Wochenenden?)

So viel also zu den einschlägigen Veränderungen. Ich kann aber aus eigener Erfahrung berichten, dass Frau sich sehr schnell an den neuen Rhythmus gewöhnt. Wer jetzt sagt, man könnte ja auch den Vater mehr einspannen – der hat wohl recht. Aber sind wir mal ehrlich, die Person der Wahl ist da meistens die Mutter. Tja, ist ja auch keine so geil wie sie. Wer sich aber zumindest im Familienbett an die folgenden Tipps hält, der bekommt vielleicht ein wenig Schlaf:

- Das Kind darf sich aussuchen, auf welcher Seite es schläft.

- Das Kind darf entscheiden, in welcher Position es liegen möchte. Die Eltern haben sich so sparsam wie möglich zu platzieren.

- Das Kind darf entscheiden, welches Kuscheltier es mit ins Bett nehmen möchte. Die Anzahl der Besucherplätze ist NICHT begrenzt.

- Reicht der Platz doch nicht für alle, muss der Papa draußen bleiben.

- Wenn das Kind im Schlaf nach den Eltern schlägt oder tritt, ist dieser Vorfall natürlich so zu behandeln, als sei nie etwas geschehen.

- Verliert das Kind nachts seinen Schnuller, müssen die Eltern dafür Sorge tragen, dass immer ein Ersatz in der Nähe ist. Besser noch: direkt wieder im Mund.

- Wird das Kind nachts wach, haben sich die Eltern so unauffällig wie möglich zu verhalten, egal was passiert.

- Es sei denn, das Kind hat Durst. In diesem Fall ist für Abhilfe zu sorgen ...und zwar ohne Jammern!

- Will das Kind die ganze Decke, bekommt es die ganze Decke.

- Ist es den Eltern aufgrund der Liegeposition des Kindes nicht möglich, Grundbedürfnisse wie Toilettengang oder Wasseraufnahme zu befriedigen, sind diese zu ignorieren. Bis sich das Kind freiwillig von den Eltern hinunter rollt!

- Der neue Tag beginnt, wenn das Kind ausgeschlafen hat. Alle Versuche, sich wieder hinzulegen, scheitern eh. Also schon dich und kuschel dich lieber mit deinem Kind aufs Sofa.

Stilldemenz – schon vergessen

Wer jetzt denkt, dass Frau vergesslich wird, weil die Gehirn-zellen durch Muttermilch und Kind fließen, hat recht! Nein, Spaß! Es ist nämlich tatsächlich so, dass die Stilldemenz weniger mit dem Stillen als mit Schlafmangel zu tun hat. Und natürlich haben die Hormone wieder ihre Finger im Spiel. Diese Lümmel. Die sorgen nämlich dafür, dass die Mutter sich nur um das Kind kümmert und alles andere unwichtig wird. Deshalb ist es im Grunde schnurz und pieps, ob du dein Kind stillst oder ihm die Flasche gibst:

Stilldemenz kann IMMER als Ausrede benutzt werden, wenn so lästige Dinge wie der Haushalt wieder in Vergessenheit geraten sind.

Wo die Kaiserin (nicht mehr) allein hingeht

Der Mythos wird Realität – die Zeit, die Frau für sich alleine im Badezimmer hat, schrumpft auf ein Minimum. Wo kurz nach der Geburt einfach Zeit und Muse fehlen, um sich mehr als eine Würstchenlänge im Badezimmer aufzuhalten, wird es mit der Zeit tatsächlich nicht leichter. Hat Frau sich ihre Lust, auf dem Klo mal wieder so richtig zu trödeln, hart zurückerkämpft, wird diese Zeit allerdings ganz bestimmt nicht mehr alleine verbracht. Bei Vätern soll das ja anders sein. Die dürfen schon mal zwei Stunden am Stück ungestört auf dem Lokus sitzen. Fühlt euch majestätisch beklatscht, Männer. Wie ein Toilettengang für eine Mutter aussieht, möchte ich euch an folgendem Beispiel zeigen.

Mama muss auch mal A-A

Wo unsere wortkarge Tochter noch den "neugierigen Blick" anwenden muss, um zu erfahren, was Mama da gerade auf dem Örtchen tut, hat Letztere genug Worte auf Lager um auch eher unangenehme Situationen zu erläutern und eventuell noch auszuschmücken. So ergab es sich eines Tages, dass ich meiner Tochter erklärte, was ich da gerade auf der Toilettenschüssel tat.
Bei einer Mutti bleibt ja selbst bei wichtigen und überaus großen Geschäften die Tür zum Badezimmer offen. So auch

an jenem Tag. Kaum hatte ich meinen Hintern entblößt und mich auf die kalte Brille gesetzt, kam auch schon mein Töchterchen, um mal nachzusehen, was Mama gerade so treibt. Sie stellte sich vor mich und sah mich neugierig an. Da sie mit ihren zehn Monaten noch nicht viel sprach, nahm ich diesen Blick als Anlass, ihr meine momentane Beschäftigung zu erklären. Mit dem Kind zu sprechen, ist ja wichtig, sei es auch noch so klein. Ich sagte also: "Die Mama sitzt gerade auf der Toilette". Doch diese Information schien nicht zu reichen. Meine Tochter sah mich erwartungsvoll an. "Die Mama muss auch mal A-A machen. So wie Du. Aber Mama macht das in die Toilette." Meine Tochter ließ nicht locker. "Die Mama braucht immer ein bisschen länger. Manchmal ist das nicht so einfach, aber das kennst du ja." Und sie sah mich auch nach weiteren Minuten immer noch neugierig an. Es schien, als würde sie auf etwas warten. "Jetzt ist die Mama fertig." Ich griff nach dem Toilettenpapier und dachte, dies sei nun das Signal für meine Tochter, sich anderen Dingen zuzuwenden. Nein! Jetzt wurde es erst richtig spannend. "Die Mama nimmt immer zwei Blättchen...", erklärte ich, und meine Tochter schaute gespannt zu. "Die faltet die Mama dann so, dann werden die Hände nicht dreckig." Ich wartete noch einen kleinen Moment und hoffte, meine Tochter würde plötzlich etwas anderes interessant finden, aber dem war nicht so. "Jetzt muss die Mama ihren Popo sauber wischen, sonst fängt das ja an zu riechen. Das macht die Mama ja bei dir auch immer, ne?" Meine Tochter nickte ...und guckte. "Damit von dem A-A nichts in die Scheide kommt, muss man sich den Popo von hinten abwischen. Das ist ganz wichtig, denn sonst wird man krank." Etwas unangenehm berührt vollzog ich meine Toilettenroutine, die plötzlich alles andere als routiniert war. "Die Mama muss jetzt noch einmal Toilettenpapier nehmen, weil das A-A manchmal nicht ganz ab geht. Dann muss man noch einmal wischen." Ich überlegte kurz, wie ich meiner Tochter nun sagen könnte, WANN man sich sicher sein konnte, dass der Hintern sauber war. Tja... da musste ich jetzt durch. "Und wenn man nicht weiß, ob alles sauber ist, dann schaut man sich nach dem Abwischen einfach das Papier an." Und ich fügte mit rotem Kopf hinzu: "Und wenn kein A-A mehr auf dem Papier ist, dann ist alles sauber, und man kann aufstehen". Ich schaute nach dem Abwischen auf mein Papier und merkte mit großer Freude, dass dieses Szenario endlich ein Ende finden konnte. Ich hatte mir erfolgreich den Hintern abgewischt. "Das Papier kommt jetzt auch in die Toilette zu den anderen." Ich stand auf, zog ab und konnte nichts daran ändern, dass meine Tochter dabei zusah, wie alles davongespült wurde. "Jetzt ist die Mama fertig und muss sich die Hände waschen." Und hätte meine Tochter schon sprechen können, hätte sie vielleicht auch mehr als 20% von dem verstanden, was ich ihr gerade erklärt habe. Immerhin habe ich meinen Bildungsauftrag an diesem Tag mehr als erfüllt.

Das war's? Denkste!

Welche Frau auch immer sagt, dass sie nach der Geburt wieder vollkommen die Alte war, die lügt! Frauen verändern sich nämlich nicht nur körperlich, sondern reagieren auch auf bestimmte Situationen anders. Es gibt Frauen, die werden feinfühliger und weinen bereits, wenn eine Werbung für Käse läuft. Andere können keinen Horrorfilm mehr sehen oder mutieren von der Achterbahnqueen zum Kotzmonster, weil jede Bewegung außerhalb der sicheren Erdzone Schwindelgefühle auslöst. Ich selbst musste mich nach der Geburt meiner Tochter neu kennenlernen. Das war spannend, aber auch etwas seltsam. Was ich euch an dieser Stelle raten kann? Nun ja, wenn du nach der Schwangerschaft noch Alkohol verträgst, geh raus und mach mit deiner Besten einen drauf. Notfalls alkoholfrei. Raus zu kommen ist der beste Weg, um wieder zu sich selbst zu finden. Das war's auch schon.

Doch nicht nur die Mutter an sich verändert sich, auch das gesamte Familienleben nimmt ganz neue Dimensionen an. Ich habe lange überlegt, ob ein Schwank aus meiner frühen Mutterschaft an diese Stelle passt, aber ich möchte euch einfach daran teilhaben lassen, wie sich mein Alltag als frisch gebackene Mutti so gestaltet hat. Es gibt Situationen, die sind ja schon ohne Kind recht – wie sage ich es am besten – beschissen! Aber mit Kind bekommen solche Dinge noch einmal einen ganz anderen Stellenwert. Immerhin ist es ein Abenteuer, besonders montags.

Es war einmal ein Montag. Und ein Auto...

Ja, über Montage kann Frau ja sagen, was sie will, aber die sind und bleiben einfach die größten Dreckspisser! Mit Hund, Kind und Kegel machten wir uns an einem solchen Montag auf den Weg, die Schwiegereltern zu besuchen. Als wir unser Däumelinchen kurz bei Oma abgeladen hatten,

um noch ein paar Besorgungen zu machen, machte uns unser kleines Rumpelauto einen gehörigen Strich durch die eigentlich sehr durchdachte Rechnung:
Schwiegereltern + leckeres Essen = entspannter Tag
War wohl nichts! Gerade als wir zu unserer letzten Station aufbrechen wollten, zog eine unserer Autoratten das Lenkgestänge aus der Verankerung, und das Auto ließ sich kaum noch im richtigen Gang halten. Mit Mühe und Not schafften wir es zu den Schwiegereltern zurück und riefen von da den Autoclub unseres Vertrauens. Meine Entspannung war genau so hinfällig wie unsere letzte Besorgung. Die gelben Engel flogen, zwar ziemlich langsam (was uns noch Zeit für ein leckeres Essen einräumte), aber sie flogen und kamen gegen 19.30 Uhr bei uns an. Frau völlig angespannt, Mann entspannt, Kind und Hund vollkommen ahnungslos! Das größte Glück hatte wohl der Vierbeiner, denn der durfte in seinem gewohnt haarigen Kofferraum auf dem Abschleppwagen mit fahren. Wir hingegen mussten IN besagtem Abschleppwagen Platz nehmen. Der Mann vorne und ich mit Babyschale auf der schmalsten Rücksitzbank, die mein Popo und ich jemals erklommen haben! Ich fühlte mich, als säße ich mit meinen XXL-Cellulite-Oberschenkeln auf einer Bierbank! Alles andere als gemütlich. Ich beneidete den Hund um seinen Komfort und hätte mich am liebsten zu ihm gelegt. Ist rechtlich leider nicht machbar. Verdammte Scheiße!
Wir fuhren zur nächsten Werkstatt und erledigten das Papierprozedere. "So", sagte die Frau schließlich. Ich erwartete einen „Das war es jetzt"-Moment und sah uns alle schon in ner geilen Karre in Richtung Heimat düsen. Tja…

Wunschdenken! "Das können Sie gleich unterschreiben. Jetzt schauen wir uns erst mal das Auto an!", hörte ich. WAS? GLEICH? Ich hatte den Kaffee schon zehnmal auf und DAS ließ ich jetzt direkt auch raushängen. Ich bin ein offenes Buch! "Wie bitte? Es gibt noch ein GLEICH? Das klingt so, als würde das alles noch ziemlich lange dauern!" An meinen Tonfall kann ich mich heute nicht mehr erinnern ...nur daran, dass unser Hund schon genervt die Augen verdrehte. "Jaaaa, ganz entspannt...", meinte die Dame mit einem Haufen Papiere in den Pfoten. "Ich bin aber nicht von der entspannten Sorte.", entgegnete ich trocken, woraufhin von der Frau nur ein merkwürdiger Blick kam und ihre Schritte, so glaubte ich, um einiges langsamer wurden. SCHIKANE! Das hätte ich gerne gebrüllt, doch ich wollte nicht, dass sich der Hund noch mehr für mich schämen muss. Der Mann nahm mich in den Arm, zumindest so weit, wie die Arme um mich und die Babyschale reichten, die ich noch in der Armbeuge hielt. Auch ihm war meine Laune nicht entgangen. Ich konnte von Glück sagen, dass unser Mädchen das alles ganz entspannt mitgemacht hat, denn trotz Bemühungen mussten wir noch eine ganze Weile warten. Mir kam es vor wie eine Ewigkeit. Ihr kennt das ja, oder? Hunger – Pippi – Kalt! Etwa dreißig Minuten später saßen wir auch schon in einem niegelnagelneuen Flitzer und fuhren nach Hause. Ich fühlte mich wie in der Sendung "Biete Rostlaube, suche Traumauto". Wir saßen in einem echt schicken Wagen und hatten der Werkstatt einen alten, rumpeligen und vermutlich von Ratten befallenen Berlingo zur Reparatur da gelassen. Was entnervte Muttertiere alles möglich machen...

„Wie ihr merkt, ändert sich mit einem Kind wirklich alles.
Doch das Wichtigste ist zu wissen, dass man
damit nicht alleine ist.
Es gibt so viele Mütter, die die selben
Veränderungen durchmachen wie du.
Nein, Du bist nicht allein, wir sind viele!"

DAS LETZTE KAPITEL
Was ich dir noch sagen wollte...

Glück ist nicht, alles zu haben sondern das RICHTIGE!

Und zum Schluss der Zuckerguss!

Für die Frau

Du bist gut so wie du bist! Du bist schön und einzigartig. Egal ob du gerade schwanger bist oder schon mehrere Kinder zur Welt gebracht hast. Dein Körper ist toll! Er mag anders aussehen als zuvor und wird sich sehr wahrscheinlich auch anders anfühlen, aber er hat großartiges vollbracht und wird es auch weiterhin tun. Deine Mühen haben sich gelohnt. All der Schmerz, den du in Kauf nehmen musstest, wird zwar nie vergessen sein, aber verziehen. Ich weiß, die Umstellung ist schwer und irgendwie mit viel Leid verbunden, aber vergiss bitte nie, wozu du imstande bist: du kannst Leben schenken, und DAS ist das Wundervollste auf der Welt. Es IST ein Wunder. Ich kenne das Gefühl, an sich zu zweifeln. Nicht nur, weil der eigene Körper einem nun fremd vorkommt, sondern auch weil man nicht weiß, ob man alles richtig und gut macht. Lass dir gesagt sein, dass du intuitiv das Richtige tun wirst. Höre auf dein Buchgefühl und lass dich von all den Tipps aus deinem Umfeld nicht verrückt machen. Du schaffst das, denn du bist das stärkste Wesen, das auf diesem Planeten existiert: eine Mutter. Aber, und das ist wichtig, es ist nicht schlimm, wenn dir das alles mal über den Kopf wächst. Du musst erst in deine Rolle hinein wachsen und darfst frustriert, wütend und auch traurig sein. Schrei deinen Frust heraus, und dann sei wieder die wundervolle Mutter, die dein Kind braucht.

Für den Mann

Unterstütze die Mutter deines Kindes und bringe ihr Eis, egal zu welcher Zeit – denn sie ist wundervoll!

Verstanden?

Was du nun brauchst:
Einen Stift,
zehn Minuten Zeit
und ein wenig Ehrlichkeit.

Der Selbsttest:
Wie viel Rabenmutter oder Rabenvater steckt in dir?

Wer schummelt ist blöd und stinkt nach Pipi!

Der psychotische Psychotest!

Kennst du noch diese Tests aus den Zeitschriften, die wir uns in der Jugend immer von unserem Taschengeld besorgt haben? Natürlich nur dann, wenn danach noch 50 Cent (bei manchen auch 50 Pfennig) für eine gemischte Tüte mit Süßkram übrig war – aber bitte ohne Lakritze. Ich erinnere mich daran, dass viele davon so einen Psychotest enthielten. Ja, ich weiß, einige haben sich Zeitschriften nur wegen den nackten Leuten darin gekauft, aber diese Tests waren schon auch der Knüller. Der hat zwar im Endeffekt nicht viel über einen ausgesagt, aber er war ein cooles Gimmick und hat zum Nachdenken angeregt. Genau das möchte ich mit diesem Test auch erreichen. Lacht euch einfach über die Fragen schlapp, notiert euch die Punktzahl und wertet am Ende selbst aus. Wichtig ist natürlich, nicht zu schummeln. Wer zum Zeitpunkt dieses Testes noch schwanger ist, kann sich ja überlegen, wie er in Zukunft gerne handeln würde.

Schnapp dir also einen Stift und los geht's!

1. Dein Kind hat unter dem Sofa eine alte Pommes gefunden, was tust du?

a) Pommes? So etwas gibt es bei uns nicht! (0)
b) Wegnehmen! (1)
c) Essen lassen! (2)
d) Essen lassen und Ketchup dazu anbieten! (3)

2. Das Lieblingsshirt deines Kindes hat einen Fleck, der nicht mehr raus geht. Was geschieht nun damit?

a) Du machst einen Flicken auf den Fleck. (2)
b) Es wird weg geschmissen. (0)
c) Es kommt in die Schublade zu den Schlafanzügen. (3)
d) Es wird zu einem Putzlappen. (1)

3. Wie oft am Tag setzt du deinen Sprössling vor den Fernseher, um etwas Ruhe zu haben?

a) 1-3 mal am Tag... (2)
b) 3-10 mal am Tag... (3)
c) NIEMALS! (1)
d) Wir besitzen keinen Fernseher. (0)

4. Was trifft am ehesten zu, wenn du mit deinem Kind draußen bist?

a) Mein Kind darf sich nicht dreckig machen. Was sollen die Leute denken? (0)

b) Dreckig machen ist erlaubt, aber ich halte das Gesicht und die Hände stets mit feuchten Tüchern sauber. (1)

c) Mein Kind darf ruhig mal aussehen wie ein Trollkind, aber die Kleidung sollte unversehrt bleiben. (2)

d) Ich packe das Kind einfach in wetterfeste Klamotten und stelle es am Ende des Tages in die Dusche. (3)

5. Wie ordentlich und erwachsen sieht dein Wohnzimmer aus?

a) Mein Wohnzimmer gehört mir! Es ist meine persönliche Erwachsenenwohlfühlzone. (0)

b) Ein paar Spiele kann man hier schon mal finden, aber die Regel ist das nicht. (1)

c) Wohnzimmer? Du meinst das Lego Action Resort? Zwischen der Ritterburg und dem Prinzessinnenbaumhaus ist noch ein bisschen Platz für mich. (2)

d) Keine Ahnung, meine Kinder haben mich schon lange nicht mehr hinein gelassen. (3)

6. Dein Kind haut auf dem Spielplatz ein anderes Kind, ohne ersichtlichen Grund. Du...

a) ...schaust demonstrativ weg. Die beiden sollen das untereinander klären. (1)

b) ...ermahnst dein Kind und forderst es auf, sich zu entschuldigen. (0)

c) ...forderst das andere Kind auf, zurück zu hauen. (2)

d) ...holst dein Handy raus und filmst dein Kind bei seiner ersten Schandtat. (3)

7. Dein Kind bekommt zu Weihnachten...

a) ...nur eine Kleinigkeit, da es von der Familie immer so viel bekommt. Da halten wir uns wirklich lieber ein bisschen zurück. (2)

b) ...Spielzeug im Wert von 200 Euro. Die Summe ist bei uns zu jedem Anlass Standard. Wenn das Kind ganz besonders lieb war, können auch 300 Euro drin sein. Das kommt halt immer drauf an. (0)

c) ...zwei Wünsche von seinem Wunschzettel erfüllt. Das ist ausreichend. (1)

d) ...nichts! Bekommt doch das ganze Jahr über genug. (3)

8. Es ist still im Zimmer. Als du nach dem Rechten siehst, entdeckst du dein Kind, das mit Buntstiften den Boden bemalt. Wie reagierst Du?

a) Ich ziehe mich langsam zurück und lege mich aufs Sofa. Diese Ruhe ist so schön! (3)

b) Ich setze mich zu meinem Kind, erkläre in ruhigem Ton die Lage und mache den Fußboden mit ihm gemeinsam wieder sauber. (1)

c) Ich bin geschockt, schimpfe mein Kind aus und verbiete für den Rest des Tages das Malen mit Stiften. (0)

d) Ich beobachte einfach und freue mich darüber, dass mein Kind sich so gut alleine beschäftigen kann. (2)

9. Dein Kind möchte sich morgens nicht anziehen. Leider hast du Zeitdruck und der Sprössling muss in den Kindergarten. Du...

a) ...packst dir dein Kind und ziehst es unter lautem Protest und Tränchen einfach an. (0)

b) ...ziehst dem Kind eine warme Jacke über und schickst es im Schlafanzug in den Kindergarten. (2)

c) ...einigst dich mit deinem Kind auf einen Kompromiss. Vielleicht bekommt es danach ja Schokolade. (1)

d) ...lässt deinen Schlafanzug auch an, um das Kind im Partnerlook in den Kindergarten zu bringen. (3)

10. Wie oft in der Woche bekommt dein Kind kalte Pizza zum Frühstück?

a) Nie! Und zum Mittag auch nur die Selbstgemachte
aus dem Thermomix. (1)
b) Eigentlich nie, aber manchmal mache ich eine Ausnahme. (2)
c) Nur sonntags, es soll ja etwas Besonderes bleiben. (3)
d) Was ist Pizza? (0)

11. Wann geht dein Kind ins Bett?

a) Wenn es müde ist. Das ist so gegen 20 Uhr. (1)
b) Jeden Abend um 18 Uhr. (0)
c) Unter der Woche um 20 Uhr und am Wochenende
um 23 Uhr. Ich möchte am nächsten Tag ja etwas länger
schlafen. (2)
d) Nie. Wir warten einfach, bis es auf dem Sofa einschläft, und tragen es dann ins Bett. (3)

12. Dein Kind möchte seine Medizin nicht nehmen. Welche Taktik wendest du an?

a) Keine. Ich fixiere das Kind und flöße ihm die Medizin ein. So geht es am schnellsten. (0)

b) Ich sage dem Kind, dass es danach auch Schokolade bekommt. (2)

c) Ich bezeichne sie als Glitzer-Elfen-Prinzessinnen-Saft und stelle so sicher, dass mein Kind die Medizin sogar gerne trinkt. (1)

d) Ich mische die Medizin mit purem Sirup. (3)

13. Ein ruhiger Abend läuft bei euch so ab:

a) Zusammen auf dem Sofa kuscheln, einen schönen Film gucken und etwas leckeres Essen. (2)

b) Der Fernseher bleibt aus. Stattdessen wird gemeinsam im Kinderzimmer gespielt. (1)

c) Um 17.30 Uhr wird Abendbrot gegessen – etwas ohne Zucker! Um 17.45 Uhr waschen und Zähne putzen. Um 18 Uhr noch ein Buch ansehen und dann ins Bett. (0)

d) Wir kuscheln uns mit einer Pizza ins Bett und schauen einen Film für Erwachsene. (3)

14. Dein Kind popelt in der Öffentlichkeit in der Nase. Du...

a) ...unterbindest das .   (0)
b) ...bittest dein Kind, das zuhause zu machen.   (1)
c) ...schaust lachend dabei zu, wie sich dein Kind den
ausgegrabenen Popel in den Mund steckt.   (2)
d) ...filmst das ganze Szenario.   (3)

15. Eine andere Mutter maßregelt dein Kind auf dem Spielplatz.

a) Du bedankst dich herzlich.   (0)
b) Du tust so, als hättest du es nicht mitbekommen.   (1)
c) Du bittest die Frau, sich nicht einzumischen   (2)
d) ... und tust bei ihrem Kind dasselbe.   (3)

16. Dein Kind will im Winter mit Unterhose in den Schnee. Du...

a)...bist empört und ignorierst die Bitte deines Kindes.   (0)
b)...bietest deinem Kind an, die Unterhose über der
Schneehose zu tragen.   (2)
c)...nähst ein riesiges Unterhosenkostüm, das den ganzen
Körper im Winter warm einpackt.   (3)
d)...überlegst mit deinem Kind gemeinsam, warum das
keine gute Idee ist und belässt es dabei.   (1)

17. Dein Kind hat ein neues Schimpfwort aus dem Kindergarten mitgebracht und schmettert es dir entgegen. Wie reagierst du?

a) Ich schimpfe doll und wasche meinem Kind den
Mund mit Seife aus. (0)
b) Ich schimpfe und erkläre, warum man Schimpfwörter
wirklich nicht benutzt. (1)
c) Ich muss etwas kichern. (2)
d) Ich lache und überlege mit meinem Kind zusammen,
welche anderen Schimpfwörter es gibt und wann man
sie sagt. (3)

18. Dein Kind zeigt auf dem Spielplatz allen seinen Bauchnabel. Wie reagierst Du?

a) Ich sage meinem Kind, dass es damit aufhören soll. (0)
b) Mir ist dieses Benehmen so peinlich, dass ich einfach
wegsehe. (1)
c) Ich stelle mich neben mein Kind und zeige ebenfalls
allen meinen Bauchnabel. Dabei sage ich Worte wie
„Das ist unsere Art, euch alle auf diesem Spielplatz
herzlich zu begrüßen. Willkommen Freunde!". (3)
d) Ich wende mich einer anderen Mutter zu und frage
diese: „Ist das ihr Kind?". (2)

19. Dein Kind hat Probleme einzuschlafen. Was ist deine Taktik?

a) Wir ziehen uns noch einmal an und rennen gemeinsam um den Block   . (3)
b) Ich schimpfe! Ich will schließlich endlich meine Ruhe
haben. (0)
c) Wir erzählen uns gemeinsam Geschichten, bis mein
Kind müde ist. (2)
d) Ich ignoriere mein Kind und hoffe, dass es vor Lange-
weile einschläft. (1)

20. Dein Kind hat sich im Kindergarten die Haare geschnitten und sieht echt bescheuert aus. Was tust du?

a) Ich meckere mein Kind und dann die Erzieherin an.
Wieso hat die denn nicht aufgepasst? Danach geht es
zum Frisör. (0)
b) Ich ermahne mein Kind und fahre dann mit ihm zum
Frisör. (1)
c) Ich lach mich über den Anblick kaputt und fahre dann
mit meinem Kind zum Frisör. (2)
d) Ich lache mich über den Anblick kaputt und lasse
mein Kind einfach damit herum laufen. (3)

GESCHAFFT!

Die Auswertung deines Tests

Ich hoffe doch sehr,
dass du ehrlich zu dir selbst warst!

Die/Der Strenge

0 - 20 Punkte

Du bist ein Mensch, der sehr darauf bedacht ist, die Sache mit der Erziehung durchzuziehen – egal wie schwer es fällt, an dem Kind zu zerren. Bei dir gibt es kein Links und kein Rechts, nur ein Geradeaus, und wenn es nach dir ginge, auch direkt durch die Wand. Statt eine Rabenmutter zu sein, besitzt du ein richtiges "Rabenmutter-Radar" und erschnüffelst diese exotische Rasse schon in einer Entfernung von fünf Kilometern gegen den Wind. Meistens hältst du dich von deinen Mitmüttern fern, wenn du den Eindruck hast, dass dort mit anderen Regeln gespielt wird. In einschlägigen Gruppen auf den Social-Media-Kanälen gehörst du zu den Frauen, die immer alles besser wissen und verurteilen, statt konstruktive Kritik auszuüben. Aber hey! Das ist okay, denn "wir" Rabenmütter haben Verständnis dafür, dass Erziehung und ihre Durchsetzung unterschiedlich sein kann. Du musst dich also nicht vor Diskriminierung fürchten und kannst dich weiterhin mit anderen militanten Müttern in dein Schneckenhaus verkriechen. Das Gute an der Sache ist: Jedes Kind wird groß!

Die/Der Unentschlossene

21 - 40 Punkte

Du zeigst gute Ansätze, aber da geht noch mehr! Mit deiner Mutterart bleibst du gerade so unter dem "Rabenmutter-Radar", bist aber genug Rabenmutter, um dich mit Gleichgesinnten über die letzten Wutausbrüche deines Kindes zu amüsieren. Die kalte Pizza zum Frühstück gibt es bei dir nicht, dafür gibt es sie aber aufgewärmt zum Mittagessen. Schokocreme gibt es bei dir auch, aber die selbstgemachte Variante aus dem Thermomix – ohne Zucker! Es gibt Tage, da erwischst du dich dabei, wie du über Rabeneltern urteilst und stellst am Ende fest, dass DAS eigentlich eine richtig blöde Angewohnheit ist. Eigentlich möchtest du nur irgendwo dazu gehören, passt aber nirgendwo so richtig hinein. Aber das ist nicht schlimm – denn man muss auch nirgends dazu gehören. Das Wichtige ist, dass man am Ende des Tages mit seiner Leistung zufrieden ist.

Die wahren Rabeneltern

41 - 60 Punkte

Herzlich Willkommen in der Liga der fantastischen Rabenmütter. Du bist das perfekte Beispiel für ein richtig knorkes
Muttertier, das weder sich, noch dieses ganze Erziehungs-
ding zu ernst nimmt. Ja, du kannst gut über dich selbst
lachen und auch über dein Kind, wenn es sich in Rambo-
Manier an der Supermarktkasse auf den Boden schmeißt
und brüllt. Bei dir gibt es keine Tabus! Alles ist Verhand-
lungssache, und hat das Kind gute Argumente, darf es am
frühen Morgen auch schon mal ein vitaminreiches Wassereis
sein. Deine Grenzen setzen sich jeden Tag neu, und du bist
Profi darin, zu improvisieren. So kann es auch schon mal
sein, dass dein Kind morgens mit einem Putzlappen um die
Schultern in den Kindergarten geht – macht Platz für einen
wahren Superhelden. Doch das Wichtigste: Am Ende des
Tages bist du mit dir und deiner Leistung sehr zufrieden und
freust dich auf die nächsten ungläubigen Blicke deiner Mitmütter, wenn dein Kind morgens um sieben schon Schokocreme als Lippenstift trägt.

Das Nachwort

Dieses Werk ist entstanden, um Eltern und werdende Eltern mit Humor über gewisse Themen zu informieren. Besonders Frauen haben nämlich oft das Gefühl, mit ihren Problemen, und vor allem den körperlichen Veränderungen, alleine zu sein. Vielleicht konnte dieses Buch mit seiner überspitzten Darstellung dieser Zustände dabei helfen, dass einige Dinge in unserem Leben mit einem Zwinkern und einem Lächeln angenommen werden. Doch das Wichtigste ist mir, dass Tabuthemen auf den Tisch kommen und ich mit meinen Worten den Menschen aus der Seele spreche, die sich verloren und mit ihren Problemen allein gelassen fühlen. Denn es gibt nichts Schlimmeres als das. Des Weiteren möchte ich an dieser Stelle klar betonen, dass ich weder Kinder noch Schwangerschaften verteufle (ein Schelm, der denkt, dies aus meinen Zeilen zu lesen). Ich respektiere das Wunder der Schwangerschaft und der Geburt und bin überglücklich, dies selbst erlebt haben zu dürfen. Nehmt dieses Werk einfach als das, was es ist: einen Unratgeber!

Danksagungen

In erster Linie möchte ich an dieser Stelle meiner wundervollen Tochter danken. Sie erinnert mich jeden Tag daran, dass all diese Wehwehchen sich lohnen, und dass ein Kinderlächeln das Schönste und Bedeutsamste auf der Welt ist. Ich liebe Dich!

Ein weiterer, großer Dank geht an alle, die ich zu meiner Familie zählen darf: Meine Eltern, meine Schwester, mein Ehemann und meine Schwiegereltern. Ohne euch und eure Unterstützung wäre ich nicht dort, wo ich jetzt bin. Danke für die Inspiration, das Mutmachen und die Gewissheit, dass ihr immer hinter mir steht, egal welchen Weg ich gehe.

Zwei wichtigen Personen bei der Umsetzung dieses Buches möchte ich ebenfalls einen großen Dank aussprechen. Danke, Carina und Steffi – ohne euch wäre dieses Projekt nicht das, was es ist. Ihr seid richtig geile Schnittchen 4 Life!

Nicht zu vergessen: meine Leserschaft! Ihr begleitet mich nun seit über zwei Jahren auf verschiedenen Social-Media-Kanälen und meiner Homepage. Danke für eure Unterstützung und dafür, dass ich euch jeden Tag zum Lachen bringen darf. Ihr seid toll!

Und zum Schluss einen großen Dank an alle in meinem Umfeld, die mich nehmen, wie ich bin. Auch wenn das manchmal bedeutet, dass ihr euch wegen mir die Haare rauft.

HOL DIR DEIN RABENMUTTER SHIRT!

designed by smietz Illustration

HTTPS://WWW.SHIRTEE.COM/DE/STORE/RABENMUTTER/

ICH BIN HUNNYBAL···

die Rabentante, die diesem Buch und
seiner Rabenmutter in den verschiedenen
Phasen und Komplexen zur Seite stand.

Du willst auch so eine? Eine
Verbündete, die dir hilft, deine Ideen,
Texte, Story wahr werden zu lassen? Die
dir nichts von Bienchen und Blümchen
erzählt, sondern mit dir Honig macht?

Da bin ich:
facebook: Hunnybal
email: hunnybal.lektor@gmail.com

199

Artwork by MimiMi Art

Gesichtsbuch: https://www.facebook.com/MimiMiArt.St.Thole/
Instagram: https://www.instagram.com/mimimi_art
Kontaktdinge: steffithole@gmx.de

Grafikdinge für dieses Buch:
Katja Harms
katja.harms@yahoo.de

FSC
www.fsc.org
MIX
Papier | Fördert
gute Waldnutzung
FSC® C083411

Zeitfracht Medien GmbH
Ferdinand-Jühlke-Straße 7
99095 Erfurt, Deutschland
produktsicherheit@kolibri360.de